LES PRÉS SAINT-GERVAIS

COMÉDIE EN DEUX ACTES

MÊLÉE DE COUPLETS

PAR

VICTORIEN SARDOU

PARIS

MICHEL LÉVY FRÈRES, LIBRAIRES ÉDITEURS

RUE VIVIENNE 2 BIS ET BOULEVARD DES ITALIENS, 15

A LA LIBRAIRIE NOUVELLE

—

1862

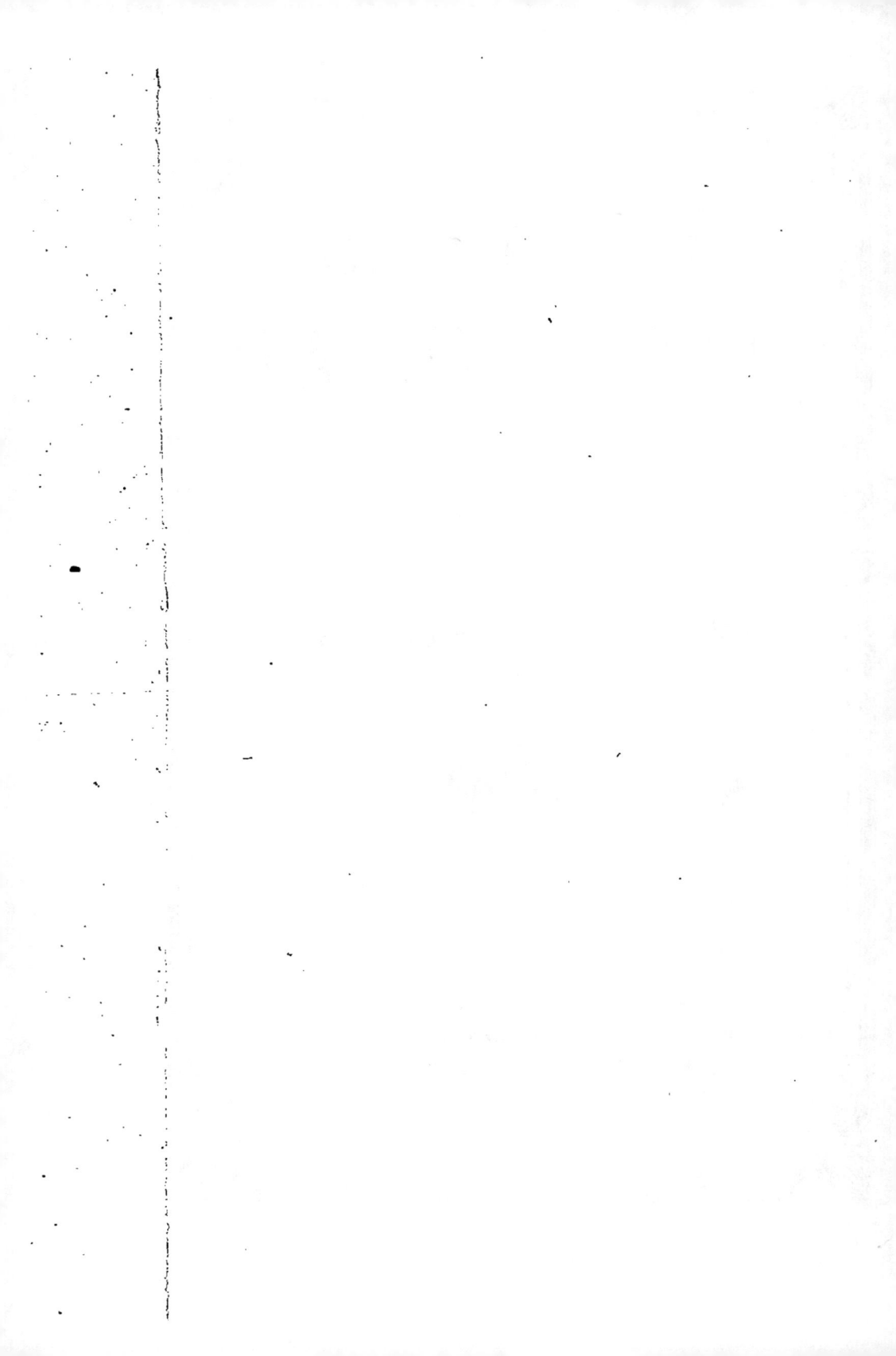

LES

PRÉS SAINT-GERVAIS

COMÉDIE

MÊLÉE DE COUPLETS

Représentée pour la première fois, à Paris, sur le théâtre Déjazet,
le 24 avril 1862.

DU MÊME AUTEUR

Nos Intimes! comédie en quatre actes.

Les Pattes de Mouche, comédie en trois actes.

Piccolino, comédie en trois actes.

Les Femmes fortes, comédie en trois actes.

M. Garat, comédie en deux actes.

L'Écureuil, comédie en un acte.

Les Gens nerveux, comédie en trois actes.

La Perle noire, comédie en trois actes.

La Papillonne, comédie en trois actes.

La Taverne, comédie en trois actes, en vers.

Les Premières Armes de Figaro, comédie en trois actes.

LA PERLE NOIRE

ROMAN

Un volume grand in-18

PARIS. — IMPRIMERIE DE J. CLAYE, 7, RUE SAINT-BENOIT.

LES

PRÉS SAINT-GERVAIS

COMÉDIE EN DEUX ACTES

MÊLÉE DE COUPLETS

PAR

VICTORIEN SARDOU

PARIS

MICHEL LÉVY FRÈRES, LIBRAIRES-ÉDITEURS

RUE VIVIENNE, 2 BIS, ET BOULEVARD DES ITALIENS, 15

A LA LIBRAIRIE NOUVELLE

—

1862

PERSONNAGES.

LE PRINCE DE CONTI. . . . . Mlle DÉJAZET.

HARPIN. . . . . M. TISSIER.

LAROSE. . . . . M. LERICHE.

NICOLE. . . . . M. LEGRENAY.

GRÉGOIRE. . . . . M. PAER.

UN CABARETIER. . . . . M. DUBOIS.

LE PETIT CHRISTOPHE. . . . . LE PETIT JOSEPH.

Mme NICOLE. . . . . Mme BOISGONTIER.

FRIQUETTE. . . . . Mlle NELSON.

TOINON. . . . . Mme PAER.

ANGÉLIQUE. . . . . Mlle MARIE TISSIER.

La Scène se passe à Paris, en 1785.

LES PRÉS
SAINT-GERVAIS

ACTE PREMIER

Le théâtre représente les prés Saint-Gervais en 1785. — Buissons
d'églantiers et de lilas en fleurs ; un tapis de verdure sur toute la scène.
— Au fond, de grands arbres et une échappée de vue sur Paris. —
A gauche de la scène, un petit cabaret perdu dans le feuillage, et un tonneau à la porte. — Vers la gauche, troisième plan, un bosquet, avec table
et chaises. — Au premier plan, à droite, une tonnelle. — Un banc,
deuxième plan, du même côté.

SCÈNE PREMIÈRE

PROMENEURS et PROMENEUSES, vêtus à la mode de 1785,
allant et venant, puis NICOLE et CHRISTOPHE.

CHŒUR

AIR : *Courons aux prés Saint-Gervais.*

Allons aux prés Saint-Gervais !
Allons y cueillir la noisette.
Allons aux prés Saint-Gervais !
Où le lilas est toujours frais.
Nous verrons, sous la coudrette,
Où le bal va commencer,
Le commis et la grisette
    Se trémousser !...
Allons, etc.

NICOLE, il entre par le fond, un panier à chaque bras, et le petit Christophe à califourchon sur son cou, mangeant du pain d'épice.

Voici l'endroit!... On sera bien là pour dîner... Comment! personne au rendez-vous?... Ma femme n'est pas encore arrivée?... (Criant.) Hé!... madame Nicole!

MADAME NICOLE, hors de scène, très-loin.

Mon cœur!

NICOLE.

Par ici, maman!... Grégoire! Toinon!...

GRÉGOIRE, dehors, très-loin, à droite.

Voilà, patron!...

TOINON, de même, de l'autre côté.

On arrive!

NICOLE, s'asseyant sur le banc, pour se débarrasser de Christophe et des paniers.

Tous en même temps, voilà de l'exactitude. On voit bien que c'est une maison modèle que celle de monsieur Nicole, marchand drapier, rue Saint-Jacques, à l'enseigne du *Mouton galant*. Mais aussi, comme je vous mène ça! comme je me fais obéir au doigt et à l'œil!... (A Christophe, en se penchant pour le faire descendre.) Nous sommes arrivés; saute, Christophe!

CHRISTOPHE, résolûment.

Non, papa!

NICOLE.

Comment!... non, papa!

CHRISTOPHE, mangeant son pain d'épice.

Je ne veux pas sauter, moi : je suis bien!...

NICOLE.

Tu es bien... tu es bien gênant.

CHRISTOPHE, criant.

Je ne veux pas!... Je ne veux pas!...

NICOLE, se relevant en le gardant sur son épaule.

Allons! c'est bon! — Reste là! mais ne crions pas! Je n'aime pas qu'on crie!... (A lui-même.) Si on lui passait quelque chose à cet enfant-là... on ne pourrait plus en venir à bout!

SCÈNE II

LES PRÉCÉDÉNTS, TOINON, puis MADAME NICOLE et ANGÉLIQUE, puis GRÉGOIRE.

TOINON, entrant avec un panier par la gauche.

Enfin!... m'y v'là!

NICOLE.

Seule!... Vous n'êtes donc pas venus tous en même temps?

TOINON.

Non, monsieur, moi je viens du marché... ouf!... (Elle s'assied sur son panier.)

GRÉGOIRE, entrant par la droite, avec un panier.

Et moi de la halle aux draps... ouf!... (Il s'assied sur son panier.)

NICOLE.

Et madame Nicole, de la maison... où est-elle?

MADAME NICOLE, entrant par le fond avec un panier, suivie d'Angélique.

Me voilà!... mais c'est inconvenant.

NICOLE.

Comment, mamour?...

MADAME NICOLE[1].

C'est inconvenant de me faire faire une trotte pareille au soleil!... Tenez, monsieur Nicole, vous n'avez pas de mœurs, avec vos dîners sur l'herbe.

NICOLE.

Mais, ma mie!...

1. Toinon, madame Nicole, Nicole, Angélique, Grégoire.

MADAME NICOLE.

Il n'y a que vous pour avoir de ces idées-là. (Elle s'assied sur son panier, le couvercle craque et fonce sous le poids.)

GRÉGOIRE et TOINON, se relevant pour courir à son secours.

Eh!... prenez garde!...

MADAME NICOLE.

On ne peut pas seulement s'asseoir un peu...

NICOLE.

Asseyez-vous sur l'herbe [1]... Allons, déballons!... j'ai une faim!... allons, Toinon...

TOINON, pleurant.

Hi! hi! hi!...

NICOLE.

Eh bien, qu'est-ce qu'il vous prend, ma fille, de pleurnicher maintenant? (Grégoire, madame Nicole et Angélique préparent le couvert sur l'herbe, à droite.)

TOINON, à genou devant son panier, d'où elle tire trois assiettes.

Ah! monsieur, c'est que je pense à mon pauvre petit qui est en nourrice, et qui serait si content d'être là à dîner avec nous.

NICOLE, voulant la faire taire, à cause d'Angélique,

Allons! allons! chut! chut! c'est bon, ma fille!... (Il prend une assiette et la passe à sa femme.)

TOINON, à part.

Et à ce garnement d'Harpin, qui m'a plantée là en me défendant de dire que nous sommes mariés! (Haut, à Nicole, qui revient.) Un si bel homme, monsieur; un maître d'étude qui sait lire et écrire!

NICOLE.

Qui ça, votre petit?

TOINON, lui tendant une seconde assiette.

Non, son papa.

1. Toinon, Nicole, madame Nicole *assise sur l'herbe*, Angélique, Grégoire.

NICOLE.

Je partage vos regrets ; mais essuyez tout de même les assiettes.

TOINON, essuyant la troisième assiette.

Ah ! je les essuie... monsieur, avec mes larmes... (Elle remonte.)

NICOLE.

Allons donc, Grégoire ! allons, Angélique ! — Le couvert ; les bouteilles que je les débouche ! (Angélique passe à gauche, pour prendre le panier de Toinon.)

GRÉGOIRE, passant une bouteille à Nicole.

Voilà, patron !... (Il traverse et va à Angélique, et lui dit tout bas.) Comment vous portez-vous aujourd'hui, mademoiselle Angélique ?

ANGÉLIQUE, de même.

Bien, monsieur Grégoire, et vous ?

GRÉGOIRE.

Oh ! moi, heureux de vous voir un moment et de vous dire...

ANGÉLIQUE.

Prenez garde !... maman qui m'a encore grondée hier à cause de vous.

GRÉGOIRE.

Toujours, donc ?

ANGÉLIQUE.

Oh ! tout ce qu'elle m'a dit !... que vous étiez certainement un honnête garçon... un bon commis... mais que vous n'étiez pas assez riche pour moi...

GRÉGOIRE.

Hélas ! non !

ANGÉLIQUE.

Et qu'une fille de boutiquier qui ose donner des espérances à un jeune homme comme vous...

MADAME NICOLE.

C'est inconvenant !... (Grégoire et Angélique, effrayés, se séparent, croyant que l'apostrophe s'adresse à eux.) Je sens une fraîcheur là-dessous... Il n'y a que vous, monsieur Nicole, pour faire asseoir sa femme sur quelque chose d'aussi frais!...

NICOLE, débouchant une bouteille.

Bon! bon! La place va se réchauffer, vous allez voir!... (Nicole se lève en grommelant. — Gêné par Christophe, qui lui fourre ses pieds dans le nez.) Oh! Christophe!... si tu savais comme tu me gênes pour déboucher...

CHRISTOPHE.

Non! je ne veux pas, moi!

NICOLE.

Mamour, faites donc comprendre à votre polisson d'enfant...

MADAME NICOLE.

Qu'appelez-vous mon enfant?... mais il est bien le vôtre aussi, monsieur!

NICOLE.

Ma bonne, je...

MADAME NICOLE, le poussant à gauche, à part [1].

Je ne suis pas comme vous, moi, je ne porte pas le trouble dans le sein des familles!...

NICOLE.

Mais enfin...

MADAME NICOLE,

Je vous répète que c'est votre fils, moi!

NICOLE.

Eh bien, oui, c'est mon fils!... (Il fait le geste de descendre Christophe.)

CHRISTOPHE.

Non, papa!

NICOLE.

Comment! non, papa!

CHRISTOPHE.

Je ne veux pas descendre.

NICOLE.

Ah! bon!

1. Nicole, madame Nicole, Toinon sur l'herbe, Angélique sur le banc, Grégoire sur l'herbe préparant le couvert.

MADAME NICOLE, replaçant Christophe d'aplomb sur son père.

Ce besoin de le déranger, ce petit qui est bien là-dessus.

NICOLE.

Il est bien là-dessus, mais moi...

MADAME NICOLE.

Mais non, vous ne l'aimez pas, cet enfant, je le sais bien, allez.

NICOLE, protestant.

Comment, je...

MADAME NICOLE

Depuis le temps que vous courez... Vous devez en avoir une demi-douzaine, en ville... Et c'est pour ceux-là que vous réservez toutes vos caresses.

NICOLE.

Ma mie, je vous jure qu'en fait d'enfant !...

TOINON, pleurant.

Hi! hi! hi!

MADAME NICOLE.

Allons !... Qu'est-ce qu'elle a à braire, celle-là ?

NICOLE.

Vous savez bien que depuis son malheur, elle ne peut plus entendre parler d'enfants...

TOINON.

Ah ! je n'aurais jamais dû en entendre parler. (Elle remonte.)

MADAME NICOLE, à son mari en la désignant.

Sans compter que je ne sais pas jusqu'à quel point ce n'est pas encore vous qui...

NICOLE, protestant.

Moi ?...

MADAME NICOLE, l'interrompant.

Allons ! c'est bon !... je ne veux pas le savoir... (Nicole remonte et va se débarrasser de Christophe ; madame Nicole descend à l'avant-scène et à part.) Conçoit-on le cousin Larose... qui ne paraît pas... Lui, qui m'avait si bien promis de se trouver ici ce matin, comme par hasard, et de me rapporter mon portrait que j'ai eu la faiblesse de lui donner... Ce portrait dans les mains d'un soldat! — C'est si inconvenant... Dieu, que j'ai faim! (Elle remonte.)

TOUS.

Et nous donc !

NICOLE, redescendant à droite, à part.

Je ne conçois rien à cette petite Friquette. Je lui écris hier pour lui déclarer que je n'ai pu la voir à son magasin de modes sans l'adorer pour la vie ; je l'engage à se trouver ici ce matin, comme par hasard, afin que je l'invite à dîner avec nous, et je ne vois rien paraître...

GRÉGOIRE.

Le couvert est mis !

NICOLE.

Eh! bien, et les vivres?

GRÉGOIRE.

Les vivres !... Nous les avons gardés pour le moment solennel, patron. (Ils prennent tous leurs paniers.) Il était bien convenu que chacun de nous apporterait un mets de son choix. (Ils redescendent.)

NICOLE [1].

C'était convenu, pour faire la surprise.

GRÉGOIRE, plongeant la main dans son panier.

Voici la mienne !

TOINON, même jeu.

Et la mienne !

MADAME NICOLE, même jeu.

Et la mienne !

NICOLE, même jeu.

Et la mienne ! (Ils se trouvent tous avec un melon à la main.)

---

1. Toinon, Angélique, Nicole, Grégoire, madame Nicole, tous accroupis sur l'herbe, vers la gauche.

TOINON.

Quatre melons !

NICOLE.

Ciel ! que de melons !

MADAME NICOLE.

C'est inconvenant !

ANGÉLIQUE.

Voilà tout ce qu'il y a à manger ?

NICOLE.

Heureusement que j'ai eu idée d'apporter encore autre chose. (Il plonge la main dans son panier.)

MADAME NICOLE, de même.

Moi aussi !

GRÉGOIRE et TOINON, de même.

Moi aussi !... (Ils tirent tous un pâté de leur panier.)

NICOLE, consterné.

Tout pâtés !

MADAME NICOLE.

Attendez ! il y a encore un espoir... (A Nicole.) A quoi votre pâté, monsieur Nicole ?

NICOLE.

Veau et jambon ! — et le vôtre ?

MADAME NICOLE.

Veau et jambon !

NICOLE, à Toinon.

Et le tien ?

TOINON, montrant le sien avec sentiment.

Veau et jambon !

GRÉGOIRE, gaiement.

Oh ! le mien, heureusement !...

TOUS, avec espoir.

Ah !...

GRÉGOIRE, continuant.

C'est jambon et veau !

TOUS.

Grand Dieu!

MADAME NICOLE.

Tant de veau!

GRÉGOIRE. se relevant.

Bah! c'est plaisant, et du moment qu'il y a de quoi manger. .

NICOLE. de même.

Et de quoi boire!...

GRÉGOIRE.

Allons! à table!

NICOLE.

A table! mes enfants! à table!

AIR : *de Paillasse.*

NICOLE.

A table! à table! mes amis,
Si la table est absente,...

MADAME NICOLE.

Du moins notre couvert est mis :
C'est la chose importante.

GRÉGOIRE.

Pour quatre melons!...

TOINON.

Pour quatre jambons!
C'est trop longtemps débattre.

MADAME NICOLE.

Rien n'en restera,
Si tout le monde a
De l'appétit pour quatre.

TOUS.

Rien n'en restera, etc.

(Il se placent sur l'herbe, au deuxième plan à droite. — Christophe,
Nicole, Angélique, Madame Nicole sur le banc, Grégoire, Toinon.)

CONTI, dans la coulisse.

Mille pardons, Monsieur.

UNE VOIX.

Petit nigaud!... petit maladroit!

SCÈNE III.

LES PRÉCÉDENTS, CONTI.

CONTI, entrant en saluant quelqu'un qu'on ne voit pas. — Il tient à la main des livres serrés par une courroie.

Mille pardons !... Si j'avais su que vous étiez avec une dame. (En saluant à reculons, il heurte un Monsieur qui passe avec une vieille dame au bras.)

LE PASSANT.

Mais prenez donc garde, monsieur ! Vous vous jetez dans les bras de madame.

CONTI, regardant la dame et saluant en faisant la grimace.

C'est que je ne l'avais pas regardée, Monsieur ; autrement... (Il balance ses livres en se retournant et fait sauter un poulet que le cabaretier porte sur une assiette aux dîneurs du bosquet.)

LE CABARETIER.

Gare là ! — Allons, bon !

CONTI.

A l'autre à présent !

LE CABARETIER.

Il ne le ramasserait seulement pas ! Tenez !... (Ramassant le poulet et le cresson.) Un écolier !... Est-ce que c'est ici votre place ?

CONTI.

Ici... non.... mais au frais... dans ce bosquet.... (Il remonte et écarte les feuilles.)

UN SOLDAT, qui dîne dans le bosquet avec une grisette, se montrant en frisant la moustache.

Ne vous gênez pas, jeune homme.

CONTI, reculant.

Encore !... avec une femme !... Mais ils sont donc tous avec une femme !... (En reculant, il arrive jusqu'à l'endroit où l'on mange, et met le pied dans l'assiette de Christophe.)

CHRISTOPHE, beuglant.

Oh! là! là!

NICOLE.

Jeune homme, quelle idée avez-vous d'écraser mon petit?...

CONTI, effaré et n'osant plus bouger.

Votre petit?... où ça?

NICOLE.

Là-dessous... Dans l'assiette...

CONTI, se penchant doucement.

Je vois l'assiette... — Mais.... je n'ose plus bouger! — Peut-on sortir de l'assiette sans écraser quelqu'un?...

TOUS.

Oui!

CONTI, sautant hors du cercle.

C'est heureux!... houp!... (Descendant à l'avant-scène.) Eh! bien, c'est comme cela depuis une demi-heure, tenez! — Ah! pour la première fois que je me trouve seul dans les rues de Paris, moi qui ne suis jamais sorti qu'en carrosse, flanqué de six grands coquins de laquais; ou bien à pied, de l'hôtel au collége d'Harcourt, sous la conduite de monsieur Harpin, mon gouverneur... je puis dire avec un certain orgueil, que je n'ai pas traversé Paris sans être remarqué. Ce que j'ai bousculé de passants, accroché d'épées, déchiré de jupons, renversé de chapeaux... Non! cela ne peut pas se dire... on criait... je courais... et je riais... je riais... — Ah! je m'en doutais bien que l'école buissonnière devait être quelque chose de délicieux!... Le moyen, je vous le demande, de s'enterrer dans une classe humide et sombre, par un temps pareil!... Un soleil si beau, un air si vif... un ciel si bleu!... Partout les rues fraîchement arrosées... partout des oiseaux chantant... partout du lilas et des roses... Et tout ce monde pimpant, bien attifé, fleuri, l'œil gai, la bouche en cœur... les femmes surtout, ah! les femmes!... le printemps aux joues, le sourire aux yeux, l'amour aux lèvres!...Ah! Dieu! en allant à ce maudit collége... j'avais la fièvre... j'étais gris... J'ai profité d'un moment où

monsieur Harpin marchandait un livre pour me faufiler sous
une porte cochère, derrière une brave petite marchande de lait
qui m'a fait paravent de ses jupes... Il a cru, ce monstre d'Harpin, que j'étais entré tout seul au collège ; il s'est éloigné, il
a disparu... et je me suis élancé dans la rue, après avoir em-
brassé ma laitière, qui ne voulait plus me lâcher... Et à moi
Paris! à moi l'espace! à moi la liberté! — Mais où courir?...
que devenir? où mène cette rue?... où conduit cette autre? J'hési-
tais... quand deux petits pieds de femme se sont mis à trottiner
devant moi!... Deux pieds!... Ah!... longs comme cela, avec
des bas à coins d'argent et des mules à talons rouges... et mignons, mignons!... et friands... friands!... Ma foi, je me suis
mis à trotter derrière pour voir si cela me conduirait en enfer.

RONDO.

Air : *du tableau du Poussin.*

Relevant d'une main
Son jupon de basin,
Et montrant à dessein
Son pied divin,
Elle trotte d'un air mutin,
Moi, je trotte d'un air badin,
Et tous les deux, trottant bon train,
Nous quittons le quartier latin,
Quand ma belle s'arrête en chemin,
Devant un beau magasin!...

Elle part enfin,
Et je repars soudain.
Mais son œil assassin
Lorgnant du coin,
Semble dire : c'est loin... très-loin!...
Joli blondin,...
Marche toujours, et trotte, mon gamin,...
Tu perds ton temps et ton chemin!...

Prenant le pont le plus prochain,
La cité, puis le pont voisin,
Nous gagnons la rue-Saint-Martin,
Belleville et son moulin...
Elle trotte comme un lutin...

Et quand nous avons de ce train
Monté la côte avec chagrin,
Redescendu la côte afin
De remonter la côte ; enfin
Descendu, remonté, sans fin,...
Essoufflés... morts de soif et de faim,
Nous faisons halte en chemin...

Repartant soudain
Tous deux avec entrain,
Son œil calin,
Malin,
Lorgnant du coin,
Semble dire : c'est loin... trop loin!...
Joli blondin,
Il me faut un cavalier, c'est certain ;
Offrez-moi le bras ou la main !...

Je m'élance... « Coquin !
« Faquin ! »
C'est une vieille : mon bouquin
A crevé l'œil de son carlin,
Elle crie à l'assassin !
On me mène au poste voisin ;
Je sors.... mais rien dans le lointain !
Ma belle a gagné du terrain ;
Je cherche en vain
Dans ce jardin ;
Je vois enfin,
Sous un jasmin,
Frétiller un pied féminin ;...
J'écarte le feuillage et soudain
Les deux petits pieds font *fffrrin*,...

(Parlé.) Ils jasaient avec une paire de bottes !...

Voilà qui va bien ; mais j'ai terriblement faim, et le parfum
de ces nombreux melons... (Il va pour entrer dans le cabaret, et s'arrête.)
Miséricorde !... Mais je n'ai pas d'argent !... Dans mon enthousiasme, j'ai jeté ma bourse à la laitière... Bah !.. je n'ai qu'à
décliner mes titres : Monseigneur Louis-François de Bourbon,
prince de Conti, et colonel du régiment du même nom, le plus
beau de Sa Majesté !... à ce qu'il paraît ; car je ne l'ai jamais
vu, mon régiment... — On ne refusera pas crédit à un homme

qui a un régiment derrière lui. (Il va pour entrer, puis s'arrête.)
— Oui... mais si je dis mon nom, on saura mon escapade... On ira la raconter à Dom Barbet, mon régent de
rhétorique, et je serai... (Il fait le geste de fouetter.) et mon régiment ne sera pas là pour me défendre... — Ai-je bien besoin
de me nommer ? — Monsieur Harpin me dit sans cesse : —
« Monseigneur, un gentilhomme est d'une essence supérieure
au commun des mortels ; il a plus d'esprit, de grâce, de charme
dans son petit doigt qu'un roturier dans toute sa personne. —
Qu'il paraisse ! — et soudain il inspire le respect aux hommes, l'amour aux dames, et l'admiration à tous... » C'est bien
le diable si, avec ces qualités-là, on ne me fait pas crédit d'une
omelette !... (Au cabaretier qui sort avec son poulet.) Hé ! l'homme !...
Ici, l'ami !...

LE CABARETIER, se garant, de peur qu'il ne fasse encore
sauter le poulet.

Qu'est-ce que vous voulez ?...

CONTI [1].

Je veux une omelette, mon cher, une côtelette, du pain, du
vin... ton meilleur... Et... et voilà...

LE CABARETIER.

Très-bien !... (Fausse sortie.)

CONTI.

Eh ! pas si vite !.. Je veux tout cela, mon cher... mais à
crédit !...

LE CABARETIER, revenant.

A crédit ?...

CONTI.

Sans doute !

LE CABARETIER.

Désolé... — Je ne fais pas crédit aux gens que je ne connais pas...

CONTI, choqué.

Aux gens ! — D'abord je ne suis pas un *gens*, et puis, tu

1. Le cabaretier, Conti.

ne m'as donc pas regardé... Regarde moi un peu. (Il passe
devant lui, en marchant avec importance.)

LE CABARETIER.

Eh, bien?

CONTI [1].

Eh, bien!... tu ne remarques rien en moi de supérieur au
commun des mortels?...

LE CABARETIER, le toisant.

Ma foi, non, par exemple!

CONTI.

Allons! allons! ce n'est pas possible!... J'ai certainement
dans ce petit doigt plus d'esprit, de grâce et de charmes que
ces roturiers dans toute leur personne.

LE CABARETIER.

Mais je ne trouve pas...

CONTI, surpris.

Oh!... c'est particulier! — comment, drôle... je ne t'inspire
pas le respect?

LE CABARETIER.

Pas du tout!

CONTI.

Pas du tout!... — ni l'admiration?

LE CABARETIER, éclatant de rire.

Ah, bien! il est amusant, le petit bonhomme! (Il remonte en
riant, vers le bosquet, où il porte son poulet, puis redescend vers les bourgeois qui dînent.)

CONTI, très-humilié.

Le petit bonhomme!... voilà l'effet que... Est-ce que monsieur
Harpin m'aurait trompé?... (Ici, toute la famille Nicole rit au récit que
lui fait le cabaretier, qui rentre chez lui, en riant.) Tiens, ils se moquent
de moi, ces petites gens... Ils ont le front!

GRÉGOIRE, se levant, et venant à lui, très-poliment.

Monsieur!

1. Conti, le cabaretier.

CONTI [1].

Monsieur !...

GRÉGOIRE.

On vient de nous apprendre le fâcheux embarras où vous êtes. Il peut arriver à tout le monde d'oublier sa bourse en sortant, et je ne suis ici que l'interprète de ces dames, en vous invitant à partager notre modeste repas...

CONTI [2].

Mais je ne demande rien à personne, monsieur.

GRÉGOIRE.

Pardonnez-moi, monsieur; vous demandez crédit au cabaretier.

CONTI.

Tiens! il a raison. — Vous avez raison.

GRÉGOIRE, souriant.

Mais oui.

CONTI.

Eh!.. bien; je vais vous dire... Vous êtes très-aimable... mais... c'est que... enfin, je... Enfin, je ne vous connais pas, moi, vous comprenez.

GRÉGOIRE, souriant.

Je n'en ai que meilleure grâce, monsieur, à vous inviter.

CONTI.

Tiens ! — C'est juste ! — Il a de l'esprit... c'est curieux !... Vous avez de l'esprit... — (A part.) Monsieur Harpin qui prétendait que les roturiers... (Haut.) Enfin, mon cher monsieur... je ne sais pas trop comment vous expliquer... Car, je ne voudrais pas vous dire de choses désagréables... mais dans ma position... là... je ne sais vraiment pas, si je puis... sans inconvénient (protestation de tous; vivement.) pour moi... pour moi !... — Vous êtes bourgeois, n'est-ce pas ?

1. Conti, Grégoire.
2. Grégoire, Conti.

GRÉGOIRE.

Simples bourgeois.

NICOLE, de sa place.

Nicole, marchand drapier!

CONTI, à part.

O Dieu !

TOINON, la bouche pleine.

A l'enseigne du *Mouton galant.*

CONTI, de même, gagnant la gauche.

Oh ! là là !

GRÉGOIRE.

Rue Saint-Jacques...

CONTI.

Oh ! — yo... yoi !...

GRÉGOIRE, regagnant sa place en riant.

Pour vous servir !

CONTI, à part.

Oh ! pour me servir... bon ! — mais pour dîner avec moi ! — (Haut.) Il faut bien vous dire que je suis gentilhomme !...

GRÉGOIRE, debout à sa place.

Eh bien, monsieur ! avez-vous faim, quoique gentilhomme ?...

CONTI.

Oh, oui ! j'ai faim ! — Je crois même que j'ai plus faim qu'un roturier.

GRÉGOIRE.

Alors, monsieur, si la noblesse ne dispense pas de l'appétit, permettez-nous de croire qu'elle ne défend pas non plus l'urbanité qui consiste à accepter galamment et de bonne grâce une offre faite galamment et de bon cœur.

CONTI.

Mais parbleu !... mais vous avez cent fois raison, monsieur... j'accepte.

TOUS.

Ah !...

CONTI, à part.

Mais il est charmant, ce commis, il est charmant! Qu'est-ce qu'il me chante donc, monsieur Harpin?

TOUS.

Allons, monsieur! allons!...

CONTI.

Voilà! voilà! (Saluant en entrant dans le cercle.) mesdames... (Regardant le gazon.) Où s'assied-on?

NICOLE.

On s'assied sur l'herbe, donc!

CONTI.

Oh! sans coussin?

GRÉGOIRE, passant la main sur le gazon.

Voilà le coussin. — Trouvez-moi velours plus doux que celui de dame Nature!

CONTI.

Oui, oui, je vous vois venir; messieurs les marchands drapiers... vous voulez que je gâte mon pourpoint et mes chausses pour faire aller votre commerce. — (Allant prendre le panier de Toinon, à gauche.) Je vais m'asseoir sur ce panier, si vous voulez bien le permettre. (Il s'assied à la gauche de Nicole. Christophe a pris place entre sa mère et Grégoire.)

NICOLE.

Comme il vous plaira! — Et maintenant, jeune homme, regagnons le temps perdu... et faites comme nous. (Silence. Tout le monde dévore à belles dents. Conti étonné considère ce formidable appétit.)

TOINON.

Eh bien! quoi que vous faites donc là... à nous regarder? Tous lèvent le nez et regardent aussi.)

NICOLE.

Vous ne déjeunez donc pas?

CONTI.

Comment voulez-vous que je déjeune? je n'ai ni serviette, ni fourchette, ni assiette.

GRÉGOIRE.

Nous non plus ! On mange avec son couteau, sur le pouce.
— Et voici l'assiette, tenez ! un morceau de croûte ! (Il lui jette
un morceau de croûte.)

CONTI.

Fi donc ! manger avec les doigts !

GRÉGOIRE, montrant Angélique.

Mademoiselle ne fait pas autrement.

CONTI.

Mademoiselle, je le conçois !... elle a de si jolis petits doigts !
je mangerais bien avec, si elle voulait... mais avec les miens,
il faut que je me fasse à cette idée-là... Donnez-moi à boire.

GRÉGOIRE, lui passant la bouteille.

Voilà !

TOINON, voyant Conti embarrassé.

Quoi que vous cherchez encore ?...

CONTI.

Je cherche un verre.

NICOLE.

Voici le mien.

CONTI, faisant la grimace.

Merci.

NICOLE.

Bah ! c'est sans cérémonie !

CONTI.

Vous êtes trop bon ! mais...

NICOLE, insistant après avoir bu.

Je ne suis pas dégoûté de vous !

CONTI.

Je pense bien, mais... (Prenant le verre.) Allons, il y tient !...
(Il jette le contenu du verre derrière lui.)

NICOLE, revenant à son pâté.

Est-il enfant !

TOINON, pleurant.

Hi ! hi !

MADAME NICOLE.

Eh bien ! qu'est-ce qu'elle a encore, celle-là ?

NICOLE.

Allons ! bon ! J'ai dit : — Est-il enfant ! ça lui rappelle le sien.

TOINON, sanglotant.

Pauvre petit !... il serait si heureux d'être là avec nous !

NICOLE.

Allons ! c'est bon, Toinon !... c'est bon !

GRÉGOIRE.

Il n'est pas sevré ; il ne pourrait pas manger de pâté !... n'est-ce pas ?

TOINON, pleurant.

Non !

MADAME NICOLE.

Eh bien ! alors, il ne s'amuserait pas, cet enfant ! Taisez-vous donc ; c'est inconvenant !

CONTI.

Qu'est-ce qu'elle a donc ?

NICOLE.

Ne faites pas attention. (Bas.) C'est une jeune fille qui a eu un malheur !

CONTI, de même.

Ah ! ça s'appelle un malheur !

NICOLE.

Oui. Si on ne passait pas quelque chose à ses domestiques !

CONTI.

Ah ! mon Dieu, ils ne s'en passeraient ni plus ni moins... allez !

TOINON, lui passant une tranche de melon en pleurant.

Voulez-vous du melon... monsieur ?

CONTI.

Non ! cet attendrissement... sur le melon !... Non, je n'ai plus faim !

GRÉGOIRE.

Buvez alors !

CONTI.

Non ! je n'ai plus soif !

TOUS.

Déjà ?

CONTI.

Oui... décidément !... Vous êtes bien bon, mais déjeuner comme cela... Non ! non ! non !... Je ne me sens pas à mon aise. (Il se lève.)

NICOLE.

Ah ça ! vous n'avez donc jamais dîné sur l'herbe ?

CONTI.

Oh ! maintes fois... à la campagne, avec madame ma mère.

GRÉGOIRE.

Eh bien, comment dîne-t-on sur l'herbe chez madame votre mère ?

CONTI.

Oh ! oh ! on s'y entend, allez... On choisit une belle place bien fraîche, bien ombragée...

TOUS.

Oui !

CONTI.

Et puis on prend toutes ses précautions.

TOUS.

Voyons ?

CONTI.

Air : *Votre pavillon m'enchante.*

D'abord un pavillon rose !
Pour le soleil, c'est adroit,
Puis des rideaux que l'on pose,
Vu la fraicheur de l'endroit.
Car nous craignons le froid,
Et le chaud nous indispose...
Oui, messieurs les bourgeois,
Voilà comme on dîne au bois.

Ensuite foulant la gerbe
Des fleurs qui grisent par fois,
On couche un tapis superbe,
Deux tapis, et même trois ;
Puis, en vrais villageois,
On fait son repas sur l'herbe !
Voilà, mes-bons bourgeois,
Voilà comme on dîne au bois !

NICOLE.

Et l'herbe, dans tout ça... je ne vois pas l'herbe ?

CONTI.

Oh ! l'herbe ?... on l'arrache de peur des bêtes qui sont dedans.

TOUS.

Ah ! très-bien !

GRÉGOIRE.

Et s'amuse-t-on beaucoup à ces dîners de madame votre mère ?

CONTI.

Peuh !... euh !

NICOLE.

Au moins chante-t-on au dessert ?

CONTI.

Oh ! jamais !... Il n'y a que les petites gens qui chantent au dessert.

GRÉGOIRE.

Aussi, nous qui sommes de petites gens, vous allez voir comme nous chantons.

CONTI, vivement.

Vous chantez ?

TOUS, se levant.

Tous !

CONTI, à part,

Oh! je me suis encanaillé !

TOUS, sauf CONTI.

VIEIL AIR.

Quand Margoton va seulette,
Elle ne m'aime plus !
Rrlututu !
Et la petite follette
Rit de mes chansonnettes,...
Tous mes soins sont superflus...
Rrlututu!!!

CONTI, se bouchant les oreilles.

Oh! là là ! là là ! qu'est-ce que c'est que ça ?... Voulez-vous bien vous taire !

TOUS, s'arrêtant.

Hein ?

CONTI.

Voulez-vous vous taire!... Oh ! que c'est roturier!... que c'est vulgaire !... que c'est débraillé !... la fin surtout.

MADAME NICOLE.

Vous la connaissez donc ?

CONTI.

Je crois bien ! On a surpris un de mes camarades de collége en train de la chanter! — Ah ! bien, ça a fait un beau tapage.

GRÉGOIRE.

C'est pourtant bien gai.

CONTI.

Il s'agit bien d'être gai !... Il s'agit d'être convenable !... Si mon gouverneur vous entendait !... On ne chante pas de ces choses-là.

GRÉGOIRE.

Qu'est-ce que l'on chante ?

CONTI.

Quelque chose de bien doux, de bien tendre, comme cette romance que m'apprend mon maître de clavecin.

AIR : *Femme sensible.*

Femme sensible, entends-tu le ramage
De ces oiseaux qui célèbrent leurs feux ?
Ils semblent dire à l'écho du rivage :
Le printemps fuit, hâtez-vous d'être heureux !...

TOUS, ennuyés.

Oh !

CONTI.

Ce n'est donc pas joli, ça ?

NICOLE.

C'est assommant.

GRÉGOIRE.

Lugubre.

MADAME NICOLE.

Inconvenant.

TOINON, pleurant.

Hi ! hi ! hi !

CONTI.

Ça lui rappelle son malheur.

GRÉGOIRE, offrant son bras à Angélique.

Allons ! allons ! tout bien compté, monsieur le gentilhomme, nos dîners sur l'herbe valent mieux que ceux de madame votre mère.

NICOLE.

Nous ne vous invitons pas à faire un tour de promenade avec nous.

GRÉGOIRE.

Le soleil gâterait votre teint.

NICOLE.

Bien des choses à monsieur Harpin.

GRÉGOIRE.

Et à votre professeur de clavecin.

MADAME NICOLE.

De la part des petites gens... qui dînent sans fourchettes...

ANGÉLIQUE.

Sans assiettes...

NICOLE.

Sans serviettes...

GRÉGOIRE.

Et qui ne chantent pas l'amour sur des airs prétentieux à porter le diable en terre, mais sur celui qui est plus gai. (Ils sortent en courant, bras dessus, bras dessous, en criant plus fort que jamais leur chanson.)

> Quand Margoton va seulette,
> Elle ne m'aime plus!...
> Rrlututu, etc.

TOINON, chargée de tous les paniers, passant devant lui en pleurant.

Hi! hi! hi! (Le petit Christophe la suit en tenant sa robe.)

SCÈNE IV.

CONTI, puis FRIQUETTE.

CONTI, seul.

Rrlututu, rrlututu! Décidément je me suis encanaillé!... Ils se moquent de moi!... C'est bien fait!... voilà ce que c'est que de se familiariser avec les petites gens!... M. Harpin m'a toujours dit : « Ne frayez jamais qu'avec vos égaux ; et quand vous adresserez la parole à un inférieur, homme ou femme... que ce soit toujours sur ce ton protecteur et légèrement insolent qui n'admet ni la résistance ni la réplique !... (Apercevant Friquette, qui vient d'entrer et qui regarde dans le bosquet du fond.) Ciel ! deux petits pieds ! Les miens peut-être... Eh ! oui !... je les reconnais !... Ce sont eux !... c'est elle !...

FRIQUETTE, au fond, regardant partout.

O mai ! ô mai !
Le joli mois de mai [1] !

J'ai beau courir les prés, je ne vois pas ce grand monstre de monsieur Nicole, qui a le front de m'écrire pour me déclarer sa flamme.

CONTI, la suivant à distance et tournant autour d'elle, à part.

Elle est jolie !... elle est avenante.

FRIQUETTE.

Je voudrais pourtant bien le trouver pour lui laver la tête [2].
(Elle pousse la porte du cabaret.)

CONTI, à part.

Je crois le moment venu de mettre à l'essai les conseils de monsieur Harpin. (D'un ton dégagé et légèrement impertinent.)—Qu'est-ce que vous cherchez, la petite... qu'est-ce que vous cherchez ?

FRIQUETTE, à part.

Tiens ! c'est l'écolier qui m'a suivie ce matin. (Elle repasse à droite.)

CONTI [3].

Vous cherchez des nids, mon ange ?

FRIQUETTE.

Je ne m'appelle pas mon ange, je m'appelle Friquette.

1. Conti, Friquette.
2. Friquette, Conti.
3. Conti, Friquette.

CONTI.

Friquette, joli nom.

FRIQUETTE.

Et je ne cherche pas un nid ; mais je cherche un oiseau, et diablement laid encore.

CONTI.

Tournez les yeux de ce côté, friponne, et vous en verrez un charmant qui vous tend les ailes.

COUPLETS [1].

Air : *Gnia pas d'mal à ça.*

Dans un joli bois, fleuri comm' celui-là,
Que pour nous l'amour, l'amour a planté là,
   Tra la, deri, dera. (*bis.*)
     Se rencontrer comme cela,
     Garçon par ci,... fillett' par là,
   Tra la, deri, dera. (*bis.*)
Se regarder comme cela,
« — Ah! quel beau garçon ça fait là !
     Quel' joli' grisette!...
       Tra deri dera !
        La, la, la, la !
        La, la, la, la !
     Tra la, deri, dera!
   Gnia pas d'mal à ça,
       Ma Friquette,
          Dà,
   Gnia pas d'mal à ça !

Te prendre la main, la main, comme cela,
Dire tendrement : ma mignonne, halte-là [2]!
   Tra la, deri, dera. (*bis.*)
     Où vous irez, mon cœur suivra ;
     Nous verrons où ça nous mèn'ra,
   Tra la, deri, dera. (*bis.*)
     Et tous deux, s'adorant déjà,
     Jasant, riant, et cætera,

1. Friquette, Conti.
2. Conti, Friquette.

Cueillir la... fleurette...
Tra deri dera !
La, la, la, la !
La, la, la, la !
Tra la, deri, dera !
Gnia pas d'mal à ça,
Ma Friquette,
Dà,
Gnia pas d'mal à ça !

FRIQUETTE, passant devant lui.

Ah! oui-dà!... y a pas d'mal à ça. Voyez-vous ça !

CONTI, à part [1].

Je la crois suffisamment intimidée.

FRIQUETTE.

Et pourquoi n'êtes-vous pas à l'école cette après-midi? ce n'est pas jour de fête, cependant.

CONTI.

C'est jour de fête pour moi, ma toute belle, du moment que je te vois.

FRIQUETTE, complaisamment.

Ah !...

CONTI, s'arrêtant, à part.

Non ! Trop familier encore... Pas assez gentilhomme...

FRIQUETTE.

C'est donc pour cela que vous m'avez suivie ?

CONTI, d'un ton très-important.

Suivie !... moi ?... — Comment suivie ?

FRIQUETTE.

Oui, dans les rues.

CONTI.

Dans les rues, fi donc ! est-ce que je suis quelqu'un dans les rues, un homme comme moi ?

1. Friquette, Conti.

2.

FRIQUETTE.

Comment! ce n'est pas vous qui tantôt, pas à pas?...

CONTI

Mais jamais de la vie!... mais jamais, jamais, jamais!

FRIQUETTE.

Mais vous n'avez pas besoin de vous en défendre si fort. —
Dites donc... Ne dirait-on pas que c'est déshonorant?...

CONTI.

Eh! là, ne te fâche pas, mignonne! ne serait-ce pas toi
plutôt qui m'aurait talonné jusqu'ici, sans pouvoir t'en défendre?

FRIQUETTE.

Comment dites-vous cela?

CONTI.

Je le dis assez insolemment, ma belle, comme tu vois.

FRIQUETTE.

Mais oui, pas mal.

CONTI.

Nous autres gentilshommes, — nous aimons à brusquer les
choses.

FRIQUETTE, avec approbation ironique.

Comment donc?...

CONTI.

Un homme de mon importance, tu le comprends, ne peut
s'amuser aux bagatelles comme le commun des martyrs...

FRIQUETTE.

Assurément.

CONTI.

Surtout avec une petite grisette, comme toi... sans conséquence.

FRIQUETTE.

Et vous seriez bien fâché d'être poli, n'est-ce pas? et galant.

CONTI.

A quoi bon!... mon trésor. — Tu penses bien que je ne
vais pas pour toi pousser des soupirs, roucouler des serments,
et me jeter à tes genoux sur le gazon·pour friper et salir mes
chausses. — Tu es jolie, tu me plais... Je suis noble, riche,
beau, spirituel, par conséquent, irrésistible... et tu m'adores,
cela va sans dire... Eh bien... dis-le donc, voyons, dis-le donc!
Et dépêchons... Ah! dépêchons!... mon cœur, car on m'attend,
Et je n'admets ni la résistance... palsambleu!... ni la réplique...

FRIQUETTE, lui tapant sur les doigts avec le bouquet qu'elle
tient à la main.

La voilà pourtant, la réplique[1]...

CONTI.

Eh bien!...

FRIQUETTE, de même.

Et voilà la résistance.

CONTI[2].

Eh! là!...

FRIQUETTE, même jeu.

Et voilà pour un petit fat... un petit manant... un petit rus-
taud!... qui ne veut pas se mettre à mes genoux... de peur
de se friper...

CONTI, reculant toujours.

Hé!...

FRIQUETTE, marchant sur lui.

Et qui se croirait déshonoré de me faire la cour...

CONTI, croisant les bras.

Mais, morbleu, ma belle...

FRIQUETTE, de même.

Ah! morbleu, mon beau!... vous apprendrez à vos dépens
que l'amour ne se commande pas, et qu'une femme se donne
(lui tapant sur les doigts.) à qui lui plaît, quand il lui plaît, comme
il lui plaît... (en lui tournant le dos.) là!

1. Conti, Friquette.
2. Friquette, Conti.

CONTI.

Eh! bien, oui, Friquette... j'ai eu tort; c'est la faute de monsieur Harpin, j'ai eu tort, mais maintenant c'est mon cœur qui te parle.

FRIQUETTE, faisant une révérence railleuse.

Oui!... mais le mien ne l'entend plus...

CONTI, la suivant.

Friquette... écoute...

FRIQUETTE, remontant.

Non! non! non!... Vous avez bien le temps de vous amuser aux bagatelles.

CONTI, la suivant.

Je n'ai que ça à faire, Friquette,... et je te supplie!... (Il veut la retenir par sa robe.)

FRIQUETTE, se dégageant pour lui taper sur les doigts.

Avec une petite grisette sans conséquence. (Elle remonte.)

CONTI, même jeu.

Mais je te jure...

FRIQUETTE, même jeu de l'autre côté.

Non! non! non!...

CONTI, lui barrant le passage pour l'arrêter.

Mais laisse-moi...

FRIQUETTE, redescendant et courant de droite à gauche pour sortir.

Non! non! mon gentilhomme!... Vous êtes pressé! — On vous attend... Ces dames s'impatientent... Bien du plaisir auprès d'elles, (Ils se balancent de chaque côté du banc; Friquette voit le passage libre au milieu de la scène et en profite.) pour vous dédommager de celui que vous ne trouverez jamais auprès de moi...
(Elle se sauve par le fond, en courant et en riant.)

SCÈNE V.

CONTI, puis LAROSE.

CONTI.

Non... elle ne partira pas sans m'écouter et je la suivrai jusque... (Il va pour sortir du même côté et se heurte dans Larose.) Oh!...

LAROSE, l'empêchant de passer et descendant en le faisant reculer.

Pardon... excusez, jeune homme,... N'auriez-vous point vu céans une grande, grosse, grasse femme, en compagnie d'un mari qui ressemble à une paire de pincettes... le tout répondant au nom de Nicole ? — On n'a jamais su pourquoi.

CONTI, voulant toujours passer.

Oui!... non! Je n'en sais rien... Laissez-moi donc... (Il se dégage.)

LAROSE, le rattrapant et le forçant à descendre.

Oui!... non!... expliquez-vous plus clairement, jouvenceau!

CONTI.

Eh! non! je n'ai rien vu... Vous m'empêchez... Là! cours après maintenant!... Le diable vous emporte!...

LAROSE.

Oh! oh!... mon fils!... nous avons la répartie brusque et l'abord un peu loup-garou...

CONTI.

Eh bien, quoi?... après?... pourquoi me retenez-vous dans vos bras?

LAROSE.

Chut!... ne nous échauffons pas, mon fils!... je me borne à vous faire remarquer que c'est toi qui t'y es jeté... et que je vous ai parlé poliment... et que tu m'as répondu.

CONTI. [1]

D'abord je vous défends de me tutoyer!... je ne vous connais pas, moi.

1. Conti, Larose.

LAROSE, ôtant son chapeau.

C'est juste... je vais vous mettre à l'aise, mon petit monsieur!... Jean Larose, sergent au régiment de Conti.

CONTI, à part.

Mon régiment !

LAROSE.

Et à votre service à l'heure qu'il vous plaira de choisir...

GONTI, à part.

Un de mes soldats! Le premier que je vois!... sarpejeu!... quelle occasion!... je vais le passer en revue...

LAROSE.

Oh! vous pouvez regarder!... On ne manque pas d'un certain cachet.

CONTI, à part.

Bel homme... corbleu!... et joli uniforme!... joli, joli, joli... Ah! je suis tout fier d'être le colonel d'un pareil gaillard...

LAROSE.

Nous disons donc, mon fils... que vous regrettez votre vivacité?...

CONTI.

Hé...

LAROSE.

Et que vous me faites vos excuses...

CONTI.

Moi?

LAROSE.

Oui!

CONTI.

Des excuses!... (A part.) Un colonel à son... (Haut.) Jamais!

LAROSE.

Plaît-il?...

CONTI

Jamais!

LAROSE.

Alors, on veut donc se couper un peu la gorge?...

CONTI.

Se couper la gorge?...

LAROSE.

Avec papa?

CONTI[1].

Ni avec papa, ni avec un autre... Qu'est-ce qu'il a donc?

LAROSE.

Suffit!... Je saisis! Le cabaretier a notre affaire! — Holà!... Oh!... Nicolas!

CONTI, à part.

Comment! le cabaretier a notre affaire?

LE CABARETIER, entrant.

Ces messieurs veulent se rafraîchir?

LAROSE.

Oui, d'un coup d'épée.

CONTI.

Comment, un coup d'épée?

LE CABARETIER.

Ah!... très-bien.

LAROSE.

Décroche les dernières, tu sais... avec lesquelles j'ai si joliment embroché ce petit commis...

LE CABARETIER.

Bon! bon!... Les longues!... les longues... (Il rentre chez lui.)

CONTI.

Comment, les longues... Mais non, mais non, vous n'y êtes pas, sergent.

LAROSE.

Je n'y suis pas...

1. Larose, Conti.

CONTI.

Oh! du tout... Je ne peux pas me battre avec vous.

LAROSE.

Oh! oh!... pourquoi?

CONTI.

Mais parce que... parce que je suis gentilhomme.

LAROSE.

Eh bien?

CONTI.

Eh bien, M. Harpin m'a formellement déclaré que je ne devais jamais en venir aux mains qu'avec mon égal. Et vous n'êtes pas mon égal, mon cher, vous ne l'êtes pas.

LAROSE.

C'est vrai, mon gentilhomme, je ne suis pas votre égal.

CONTI.

Vous voyez bien.

LAROSE.

Mais, aux yeux d'un homme de cœur, ce serait peut-être une raison de plus pour réparer l'offense que vous m'avez faite...

CONTI, frappé.

Ah! c'est une autre façon de voir les choses.... Peut-être bien, oui.... Je n'y pensais pas....

LAROSE.

Et je laisse à votre loyauté et à votre cœur de décider si vous aimez mieux avoir offensé en moi un inférieur qui ne peut pas vous demander raison, (Il soulève son tricorne.) ou un égal qui l'exige. (Il le remet sur sa tête.)

CONTI.

Mais, jour de Dieu!... Vous parlez d'or, sergent! monsieur Harpin ne sait ce qu'il dit... Mais vous avez mille fois raison. Mais certainement je vous dois réparation. Et je vous la donne.

LAROSE.

Vous vous battez?

CÒNTI, vivement.

Comment; si je... (s'arrêtant.) Ah! non!

LAROSE.

Quoi encore?

CONTI.

Non!... non!... — C'est impossible! Il y a une raison!...
Oh! une raison énorme!... Car, enfin, vous ne savez pas...
Je ne vous ai pas dit que je suis votre...

LAROSE.

Mon?...

CONTI.

Mais, malheureux... Je suis ton...

LAROSE.

Mon... quoi?...

CONTI, à part.

Non! je n'oserai jamais dire à un pareil gaillard que je suis
son colonel. C'est trop drôle!... (Le cabaretier rentre avec des épées.)

LAROSE.

Allons! en route!... Voici les aiguilles à tricoter. (Il prend les
épées et les manie. Le cabaretier rentre chez lui.)

CONTI.

Mais est-il entêté!... Je vous dis... (A part.) C'est que je ne
me suis jamais battu, moi... Il va m'embrocher!... Dieu! le bel
homme! Suis-je fier de mener au feu un pareil homme!...
Quelles jambes!... Doit-il se fendre... C'est effrayant!...

LAROSE, remontant.

En route! en route!

CONTI[1].

Mais attendez donc!

LAROSE.

Encore?

CONTI.

Mais puisque je vous dis que ce n'est pas possible... Vous

1. Conti, Larose.

êtes soldat... je ne peux pas me battre avec vous... Malheureux ! je suis officier !

LAROSE.

Vous êtes officier ?

CONTI, redescendant.

Eh oui ! là !...

LAROSE, redescendant d'un pas,

Où ça ?

CONTI.

Où ça ?... Mais dans l'armée, parbleu !

LAROSE, redescendant d'un autre pas.

Depuis quand ?

CONTI.

Depuis que je suis né.

LAROSE.

Ah ! bien ! ah ! bon ! Vous avez cueilli vòtre épaulette sur le sein de votre nourrice ..

CONTI.

Sergent, tu m'es désagréable !

LAROSE.

On vous a fait capitaine à votre première dent...

CONTI.

Sergent, tu me crispes !

LAROSE.

Et colonel à votre première culotte.

CONTI.

Sergent !... quand un gentilhomme et quand un officier vous fait l'honneur...

LAROSE, avec force.

L'honneur !... Allons donc ! mon officier... Quand un homme comme moi, qui sert sa majesté depuis l'âge de seize ans ; quand un luron qui s'est trouvé à quatre siéges, à trois batailles rangées et à plus de vingt combats, offre de s'aligner avec un gringalet comme vous, qui n'a jamais fait la guerre qu'aux bonshommes de pain d'épice... il me semble, par la cordieu ! mon petit monsieur, que c'est moi qui vous fais bien de l'honneur.

CONTI, à part.

Mais il a raison.

LAROSE, à part.

D'autant qu'il en sera quitte pour une légère piqûre... (Il remonte à droite.)

CONTI.

Mais il a raison... Tu as raison, sergent !... Harpin est une vieille bête... et j'ai tort.

LAROSE, vivement.

Ah ! des excuses ?

CONTI.

Je me suis conduit comme un sot.

LAROSE.

Vous convenez ?... Vous avouez ?...

CONTI.

J'avoue... je me l'avoue à moi-même... mais pas à toi... Eh ! là, distinguons !...

LAROSE.

Alors, vous voulez toujours ?...

CONTI.

Je veux... je veux me battre, morbleu ! (Il lui arrache une épée.) et me battre avec toi, parce que tu es un brave, et parce que je veux que tu me donnes un coup d'épée, entends-tu ? pour m'apprendre, et parce que tu es du régiment de Conti, qui est un fameux régiment !... que je suis fier de comm... de connaître ! Vive le régiment de Conti !... sacrebleu !... et ses soldats, qui sont les premiers soldats du monde !

LAROSE, avec admiration et chaleur.

Eh ! à la bonne heure, mon petit lion ; vous seriez digne d'en faire partie.

CONTI.

J'en suis digne ! tu le crois ?

LAROSE.

Si je le crois, mille z'yeux !... mais si notre petit colonel qui tète encore vous ressemblait un peu... mille millions de baïonnettes !... je le suivrais sans bouder.

CONTI.

Tu le suivrais, Larose ?

LAROSE.

Jusque dans l'enfer !

CONTI, lui sautant au cou.

Ah ! embrasse-moi, tiens ! pour ce mot-là... et allons nous battre, je n'ai plus peur. Viens nous battre. (Il remonte, puis redescend pour dire dans les bras de Larose :) Je t'adore... viens nous battre ! (Il remonte.)

LAROSE[1] à lui-même.

Et j'abîmerais cet enfant-là ! moi !... jamais !

CONTI.

Comment... jamais ?

LAROSE.

Je ne me bats plus.

CONTI.

Tu ne te bats plus ?... mais je me bats, moi, ventrebleu ! (Il lui pousse une botte.)

LAROSE, parant.

Mais, jeune homme !

CONTI.

Mais il n'y a pas de jeune homme... Qu'est-ce que c'est donc que cela ?... un soldat de Conti qui recule ; mais je n'ai jamais vu ça, parole d'honneur !

LAROSE.

Mais...

1. Larose, Conti.

CONTI.

Mais veux-tu marcher! (Autres bottes coup sur coup. Même jeu.) Je ne te lâche pas que tu ne m'aies flanqué un coup d'épée, entends-tu ?

LAROSE, parant en tournant.

Il est enragé.

CONTI.

Allons ! marchons !

LAROSE.

Allons donc ! mais passez devant, mon officier !

CONTI.

Non, non, derrière toi, que je te regarde encore ! (Regardant Larose qui remonte.) Ah ! le beau soldat ! le beau régiment ! Que je suis fier d'être son colonel !... Vive les soldats de Conti !

TOUS DEUX, enlacés en sortant.

Vive les soldats de Conti !

FIN DU PREMIER ACTE.

Entr'acte de musique sans baisser la toile.

ACTE DEUXIÈME.

SCÈNE PREMIÈRE

HARPIN, puis LE CABARETIER.

HARPIN, dans la coulisse.

AIR : *Malgré la bataille.*

Bacchus, cher Grégoire,
Nobis imperat.

(Il entre en scène, il est gris.)

Chantons tous sa gloire,
Et quisque bibat !
Hâtons-nous de faire
Quod desiderat.
Il aime un bon frère
Qui sœpè libat !

HARPIN.

Ce doit pourtant être ici que j'ai l'habitude de m'asseoir.
(Il glisse sur le gazon et tombe.) C'est bien ici... *Procumbit humi bos !*

LE CABARETIER.

Tiens ! c'est monsieur Harpin... ma meilleure pratique !

HARPIN, par terre.

Et quand je serais tombé, peuple athénien ! qu'y aurait-il là d'étonnant ? — La fleur elle-même ne tombe-t-elle pas ?

LE CABARETIER.

Voulez-vous que je vous relève ?

HARPIN.

Non, je ne me relèverai pas !... Non, je ne me relèverai pas... que tu ne m'aies apporté, jeune fille à l'haleine plus douce que le miel... ce petit vin blanc dont le parfum, dont le cachet...

LE CABARETIER, riant.

Le cachet vert ?

HARPIN.

Le cachet vert, tu l'as dit !

LE CABARETIER.

Tout de suite.

HARPIN, avec attendrissement.

Mais avant, noble étranger, prends pitié d'un infortuné voyageur, et ne me laisse pas ainsi abandonné sur ce rivage.

LE CABARETIER, le relevant et l'étayant.

Eh ! là !... hisse... voilà ! (Il sort.)

HARPIN, debout.

Dieu te garde, généreux mortel... (Il se serre la main comme s'il tenait celle du cabaretier.) Merci !... Vois-tu, c'est le soleil ! car il fait un fameux soleil ! J'ai eu beau me rafraîchir tout le long, le long, le long du chemin...

SCÈNE II.

HARPIN, TOINON.

TOINON. Elle tient Christophe par la main et le fait asseoir sur le banc de droite.

Allons, par ici, polisson, restez là et n'allez plus jouer du côté de la mare. (Apercevant son mari.) Miséricorde ! mon mari !

HARPIN.

Ma femme ! je suis pris.

TOINON.

Ah ! te voilà, scélérat !

HARPIN.

Toinon...

TOINON.

Te voilà, monstre. (Christophe se sauve.)

HARPIN.

Toinette ! (Le cabaretier sort avec une bouteille et un verre qu'il place sur le tonneau, puis rentre chez lui.)

TOINON.

Bien ! bon ! parlons peu et parlons bien ! tu vas me donner le bras tout de suite, entends-tu, et me mener chez toi, entends-tu, chez nous !...

HARPIN, effrayé.

A l'hôtel !

TOINON.

T'as un hôtel ?...

HARPIN, baissant la voix.

Mais, malheureuse !... Je suis précepteur du prince' de Conti !...

TOINON.

Précepteur ?

HARPIN.

Oui ! c'est moi qui forme son jeune esprit et son jeune cœur, par mon exemple.

TOINON, lui prenant le bras.

Bon ! bon ! Et bien ça me va !... je serai précepteuse !... Allons, en route.

HARPIN.

Jamais !

TOINON.

Comment, jamais ?

HARPIN.

Jamais !... Je vous aime trop... céleste créature, pour enchaîner votre destinée à celle d'un ivrogne !... (S'attendrissant.) Je te battrais, mon ange !

TOINON.

Je veux être battue !

HARPIN, se versant à boire.

Oh ! bien, nous n'avons pas besoin d'être à l'hôtel pour ça !...

TOINON.

Et tes devoirs, Harpin !... et ton amour d'autrefois, Harpin ! et ma douceur, et mes vertus ?

HARPIN.

Ne parlons pas de ça, Toinon ! tu me fends le cœur...

TOINON, pleurant.

Et notre enfant ?... notre pauvre petit enfant en nourrice qui serait si heureux d'être là, à jaser avec papa et maman !

HARPIN, pleurant.

Et notre pauvre petit enfant en nourrice, oui !...

TOINON, avec colère.

Et tu crois que ça passera comme ça ?

HARPIN.

Tout passe, ma fille !... Voilà un monsieur là-bas qui passe... (Il boit.) Voilà le vin qui passe !... (A part.) Et elle aussi, elle passe !

TOINON.

Et voilà mon compte alors... Et c'est là tout ce que tu m'offres, Harpin ?...

HARPIN.

Non, je t'offre la paix ; tope là, et prenons qu'il n'y a rien de fait !

TOINON.

Et notre mariage ?

HARPIN.

Je te le pardonne !...

TOINON.

Je ne te le pardonne pas, moi !... scélérat, et je sais bien ce que je ferai ! (Conti paraît au fond, un bouquet à la main.) J'irai trouver madame la princesse de Conti !...

3.

SCÈNE III.

LES PRÉCÉDENTS, CONTI.

CONTI, à part, s'arrêtant au fond.

La princesse de Conti !...

TOINON.

Et je lui dirai : — Madame !...

CONTI, à part.

C'est Toinon !...

TOINON.

Le précepteur de votre fils, monsieur Harpin...

CONTI, à part, reconnaissant Harpin.

Harpin !... C'est lui !...

TOINON.

Est un scélérat, un libertin, un débauché !...

CONTI, de même.

Oh ! là là !

TOINON.

C'est mon mari, madame ; et moi qui vous parle, je suis mère d'un petit Harpin !...

CONTI.

Oh ! saprebleu !

TOINON.

Qu'est-ce que vous voulez que je fasse d'un petit Harpin ?

HARPIN [1].

Brrr !... je dirai que ce n'est pas vrai, et on ne te croira pas !

TOINON.

On ne me croira pas ?

HARPIN.

Eh ! non !... Parce que je suis un rusé, parce que je fais mes

1. Harpin, Conti au fond, Toinon.

petits coups à la sourdine; et quand une fois j'ai campé à son collége mon petit benêt d'écolier...

CONTI, dans le bosquet.

Plaît-il ?...

HARPIN.

Comme j'ai six heures de liberté devant moi... je cherche un endroit écarté pour déjeuner!... Et puis je fais mon petit somme... et puis... à quatre heures, je me fourre la tête dans un baquet... et il n'y a pas plus grave et plus pédant que moi, quand je vais chercher à son collége mon petit dindon d'élève!

CONTI, à part.

Merci!... j'en apprends de belles!...

TOINON.

Et moi, je dirai à votre élève que vous l'appelez un dindon!

HARPIN.

Brrr! il ne te croira pas, le petit singe !

TOINON.

Parce que?

HARPIN.

Parce qu'il n'est pas de compliment que je ne lui jette au nez, toutes les fois qu'il est à portée de m'entendre.

CONTI.

Par exemple!...

HARPIN.

Je lui dis qu'il est plus beau que les autres... Ce n'est pas vrai !...

CONTI, à part.

Bon!

HARPIN.

Qu'il a plus d'esprit que les autres. Je t'en moque!... Il n'a pas plus d'esprit que moi... le petit magot!...

CONTI, à part.

Bien!...

HARPIN, gagnant la gauche [1].

Et il gobe tout, le petit benêt; il gobe tout! le petit...

CONTI, descendant et saluant Harpin.

Dindon !

HARPIN, se retournant et attéré.

Ciel !

TOINON.

Quelqu'un! et Christophe qui s'est sauvé du côté de là mare! Christophe!... (Elle se sauve en appelant.)

SCÈNE IV.

CONTI, HARPIN.

CONTI.

Le petit singe !

HARPIN.

Monseigneur !

CONTI.

Le petit magot!

HARPIN.

Je...

CONTI.

Le petit benêt !

HARPIN.

Monseigneur! ce n'est pas de vous que je parlais !

CONTI.

C'est donc de vous ?

HARPIN.

Mais c'est de moi, monseigneur, mais évidemment!

CONTI.

Alors il fallait dire le grand coquin, le grand fripon... Je vous aurais reconnu tout de suite.

1. Harpin, Conti, Toinon.

HARPIN.

Oui, monseigneur, une autre fois!... (A part.) Miséricorde, ça me dégrise. Heureusement il n'a entendu que cela!... De l'aplomb!... (Haut.) Ah! ça!... comment diable êtes-vous ici, monsieur?

CONTI.

Et vous-même, monsieur?

HARPIN.

Mais moi, c'est différent!... monsieur!... Moi!... je suis libre... moi!... Je suis mon maître, moi!... et je n'étudie pas... moi!...

CONTI.

Vous avez bien tort!...

HARPIN.

J'ai peut-être tort; mais enfin, monsieur, je vous prends en flagrant délit d'école buissonnière... *flagrante delictâ.*

CONTI.

To!

HARPIN.

Tâ!

CONTI.

To!

HARPIN.

To ou *tâ.* Ça m'est égal! — Et il ne tiendrait qu'à moi de vous faire appliquer...

CONTI.

Hé!...

HARPIN.

Plaît-il?

CONTI.

Comment dites-vous cela?... monsieur Harpin!...

HARPIN.

Vous voyez, monseigneur, je ne dis rien.

CONTI.

Monsieur Harpin... avez-vous lu l'histoire romaine, par hasard?...

HARPIN.

Oui, monseigneur.

CONTI.

Et vous souvient-il de ce pédagogue que Camille fit si joliment reconduire par tous ses écoliers?...

HARPIN.

Je me rappelle en effet, mais... vaguement... très-vaguement!... Il y a si longtemps!...

CONTI.

A coups de verges, — monsieur Harpin!... Rappelez vos souvenirs !

HARPIN.

A coups de verges... en effet... sur le dos!... je crois...

CONTI.

Non! — Pas sur le dos. — Ailleurs.

HARPIN.

Ce détail m'a tout à fait échappé!...

CONTI.

Eh! bien, si vous voulez vous rafraîchir (Harpin se retourne vers la bouteille; Conti le retient.)... la mémoire, monsieur Harpin, vous n'avez qu'à souffler mot à mes maîtres de ma petite escapade de ce matin, et je vous promets, en pleine cour de collége, une répétition de l'histoire romaine, qui ne vous laissera aucun doute sur l'endroit (Il passe derrière Harpin en parlant.) où le pédagogue fut... éventé[1] !...

HARPIN.

Monseigneur veut rire...

CONTI.

Mais oui, je me promets de rire assez... ce jour-là !

1. Conti, Harpin.

HARPIN.

Monseigneur sait bien que ce n'est pas moi qui dirais le plus petit mot!

CONTI.

A la bonne heure.

HARPIN.

Juste ciel! — Monseigneur est bien libre de faire ce qu'il lui plaît! Il n'est pas gentilhomme pour rien!

CONTI, à part.

Ah! ah! nous y revoilà!...

HARPIN.

Tout le monde sait bien qu'il y a plus de sens, plus d'esprit... plus... plus...

CONTI, à part.

Barbote, barbote.

HARPIN.

... Plus d'intelligence dans son petit...

CONTI, montrant son petit doigt.

Petit doigt!

HARPIN.

Petit doigt... et qu'il n'a qu'à ouvrir la bouche...

CONTI.

Pour *gober* tout ce que dit monsieur Harpin!

HARPIN, répétant d'abord sans y penser.

Pour gober tout ce que dit... *Gober!* — Ciel! vous avez donc entendu?

CONTI.

Tout!

HARPIN.

Tout?...

CONTI.

Tout!

HARPIN.

Même le petit!...

CONTI.

Même le petit Harpin !

HARPIN.

Miséricorde! (Il tombe à genoux.) Je suis mort!... (Il tombe à quatre pattes.)

CONTI.

Ah! monsieur Harpin... vous êtes mon gouverneur!... (Il lui prend l'oreille.) mon précepteur. (Il le force à relever la tête.) Et vous ne cultivez dans votre élève que les préjugés, (Tirant l'oreille de droite à gauche et de gauche à droite sur chaque mot.) les idées fausses, les vices... et particulièrement l'orgueil... la vanité... et l'insolence !

HARPIN.

Oh! là! là! Monseigneur!...

CONTI.

Savez-vous ce qu'elle m'a valu ce matin, la belle éducation que vous me donnez?... De me faire bafouer par d'honnêtes bourgeois, souffleter par une jolie fille et corriger à coups d'épée par un soldat de mon propre régiment!...

HARPIN.

Grands dieux !... Un duel !

CONTI, lui montrant sa main.

Voici le cachet de la leçon, M. Harpin.

HARPIN.

Une blessure !

CONTI.

N'y touchez pas, vous n'en êtes pas digne !... Mais regardez-la bien, cette marque d'honneur qui, d'un enfant mal appris, va faire un galant homme, et puisse-t-elle vous apprendre ainsi qu'à moi, M. Harpin, qu'un gentilhomme avec tous ses titres est le dernier des hommes, s'il ne sait pas être le premier par son mérite... (Tirant l'oreille.) Entendez-vous ?

HARPIN.

Oui, monseigneur!... Et je vous admire !

CONTI.

Je vous défends de m'admirer!

HARPIN, les bras levés.

Mon enthousiasme!...

CONTI, le relevant par l'oreille.

Je vous défends l'enthousiasme! (Harpin rabat les mains piteusement.) Et si vous voulez que je vous pardonne, vous allez m'aider à réparer toutes mes sottises de ce matin et à me réhabiliter aux yeux de ces braves gens... (A lui-même, tandis que Harpin se relève.) J'ai idée que ce portrait de madame Nicole, tombé de la poche de Larose, ne me sera pas inutile...

HARPIN, avec empressement.

Donc, monseigneur veut?...

CONTI.

Monseigneur veut d'abord que vous ne l'appeliez pas *monseigneur*, et vous allez commencer par me tutoyer...

HARPIN.

Tutoyer le prince de...

CONTI.

Il n'y a pas de prince!... Il n'y a plus ici que M. Harpin, tonnelier au faubourg Saint-Antoine, et son neveu Gabriel, lequel fait l'école buissonnière et vient d'être surpris par son oncle!

HARPIN.

Mais, monseigneur...

CONTI, reprenant ses livres.

Allons!... dépêchons!... Faites semblant de me corriger, criez!... pestez!... jurez!... et attirez ici tout le monde!... Vous allez voir la jolie opinion qu'ils ont de moi, grâce à vous! Y sommes-nous?

HARPIN.

Oui, monseigneur! (Très-bas.) Polisson.

CONTI, surpris d'abord.

Hein?

HARPIN, de même.

Polisson !

CONTI.

Ah ! oui... mais plus fort.

HARPIN.

Oui, plus fort... Polisson ! (S'arrêtant.) Monseigneur me permet-il de lui tirer un peu les oreilles ?

CONTI.

Nenni dà !... Vous iriez de trop bon cœur... Continuez...

HARPIN, criant vers la coulisse de gauche.

Scélérat !... Bandit !... Cartouche !...

CONTI.

Et des jurons !

HARPIN, il remonte et crie vers les bosquets.

Et des jurons !... Mille tonnerres de tonnes de tonneaux !

CONTI.

C'est ça !... (Criant du côté opposé.) Mon oncle !... Mon oncle !

HARPIN, traversant pour aller crier à droite vers la tonnelle.

Ah ! je t'y prends enfin !...

CONTI, à gauche, même jeu.

Mon bon oncle !

HARPIN, descendant à l'avant-scène au milieu.

Voilà comme tu vas à l'école !

CONTI, descendant.

Mon oncle, je ne le ferai plus ! (En remontant, il lui tape dans les mollets avec sa courroie.) Mais marchez donc !...

HARPIN, gagnant la droite, en se frottant.

Ahi !... Ah ! je te corrigerai, moi !...

CONTI, même jeu.

Bravo !

HARPIN, se frottant les mollets.

Je te donnerai dans les jambes, moi !...

CONTI, lui tapant encore dans les jambes.

C'est ça!... Au secours! à l'aide! Il me bat!

HARPIN, fuyant devant en boitant.

Ah! si je t'attrape!...

CONTI, criant.

Au meurtre!

SCÈNE V.

Les Précédents, NICOLE, MADAME NICOLE,
TOINON, GRÉGOIRE,
ANGÉLIQUE, FRIQUETTE, LE CABARETIER.

TOUS, accourant vivement.

Eh bien! eh bien! qu'est-ce que c'est?

CONTI, à terre, à genoux.

Défendez-moi : il me bat!

GRÉGOIRE et NICOLE, s'interposant et arrêtant Harpin.

Allons! allons! allons!

-HARPIN.

Laissez-moi!... un garnement qui fait l'école buissonnière!

GRÉGOIRE[1].

Eh bien! de quel droit le battez-vous, ce jeune homme?

HARPIN.

Comment! de quel droit?... son oncle!...

NICOLE.

Vous êtes son oncle?

HARPIN.

Pardieu! (Il va pour prendre l'oreille de Conti.)

CONTI, lui tapant sur le doigt avec la courroie.

Chut!...

_____

1. Nicole, madame Nicole, Grégoire, Harpin, Conti, Friquette, Angélique,
Toinon.

HARPIN.

Ahi!

NICOLE.

Ah! bien; vous pouvez le corriger, allez! — ce n'est pas moi qui le défendrai!

MADAME NICOLE.

Ni moi!

FRIQUETTE.

Ni moi!

GRÉGOIRE et ANGÉLIQUE.

Ni moi!

LE CABARETIER et TOINON.

Ni moi!

CONTI, bas à Harpin en lui piquant le mollet.

Écoutez ça, monsieur Harpin.

NICOLE.

Un méchant galopin, qui a plus d'orgueil...

CONTI, bas à Harpin, même jeu.

Là!...

MADAME NICOLE.

Plus d'insolence!...

CONTI, même jeu.

Hein?

TOINON.

Ça fait des embarras!...

CONTI, baissant les yeux et tapant dans les jambes de Harpin.

Entendez-vous? (A chaque phrase suivante, même jeu.)

LE CABARETIER.

Ça se figure qu'on doit l'admirer.

FRIQUETTE.

Et l'adorer!

GRÉGOIRE.

Monsieur ne dîne pas sur l'herbe.

MADAME NICOLE.

Monsieur ne chante pas au dessert.

NICOLE.

Monsieur est trop grand seigneur!...

FRIQUETTE, pinçant Conti.

Pour faire la cour aux femmes!

CONTI, repassant le pinçon à Harpin.

Tiens!... c'est pour toi!...

HARPIN.

Ahi!

NICOLE.

Corrigez-moi ça!

GRÉGOIRE.

Corrigez.

TOUS.

Corrigez, corrigez! (Ils remontent tous.)

HARPIN.

Corrigeons!

CONTI, lui tape sur les doigts.

Assez!...

HARPIN, se frottant.

Assez!... Je te pardonne... à condition que tu ne recommenceras plus!

CONTI, se relevant.

Ah! ventrebleu! non, mon oncle! je ne recommencerai plus! Ça finit par m'ennuyer diablement, cette farce-là.

NICOLE.

Quelle farce?

CONTI, seul à droite.

Eh! tout ce que je fais depuis ce matin, donc... Un tas de simagrées... de manières... d'histoires... et de cérémonies plus bêtes!...

GRÉGOIRE.

Comment? comment? des cérémonies; mais vous n'êtes donc pas...

CONTI.

Eh! allons donc!... je ne suis qu'un simple tonnelier.

TOUS.

Tonnelier !

CONTI.

Comme mon oncle.

TOINON, à part.

Son oncle... un tonnelier ?

CONTI.

Pardine ! j'ai voulu faire le grand seigneur aux Prés-Saint-
Gervais, croyant que j'allais tout casser... Je t'en moque ! ça
m'a bien réussi !... Je n'ai pas dîné... je meurs de soif... et
voilà deux heures que je crève dans mon habit... moi qui aime
mes aises et qui suis toujours en manches de chemise !... (Il ôte
son habit.) Au diable l'habit et le gentilhomme avec ! (Il va jeter son
habit sur les branches de lilas au fond.)

HARPIN.

Gabriel !... les dames !...

CONTI.

Bah ! laissez donc, mon oncle. Je respire au moins... et je
n'en serai que plus dispos pour embrasser madame Nicole,
qui ne trouvera pas ça inconvenant ; n'est-ce pas, maman ? (Il
l'embrasse.)

MADAME NICOLE.

A la bonne heure, au moins ; il est gentil maintenant.

CONTI.

Et mam'zelle Angélique aussi.

ANGÉLIQUE, embrassée.

Monsieur !

CONTI.

Et la Toinon ?

TOINON, de même.

Qu'est-ce que vous dites donc ? Harpin tonnelier.

CONTI, bas.

Chut ! tais-toi.

TOINON.

Ah !...

CONTI, à Friquette.

Et toi surtout, friponne !

FRIQUETTE, pendant qu'il l'embrasse.

Ah ! si vous vous étiez toujours exprimé de cette façon-là !

CONTI, bas.

Patience, il en reste !... (Haut.) Et maintenant, de la belle humeur et de la folie !... que je me retrouve !... Allons, mon oncle, la main au gousset... et rafraîchissez-nous !... que je leur fasse voir si je boude à la gaieté française !

GRÉGOIRE.

Bravo ! le petit.

CONTI.

Dites donc !... dites donc !... je dois une chanson pour payer mon écot... et vous allez m'en dire des nouvelles de celle-là.

TOUS, joyeux.

Ah !...

HARPIN.

Mais, mon neveu...

CONTI, le coiffant de son chapeau.

Tais-toi, mon oncle. C'est la chanson que chantait ma grand'-mère, quand elle était en belle humeur.

AIR : *La belle Bourbonnaise.*

La belle Bourbonnaise,
La fille de Nicaise, (*bis.*)
Elle est mal à son aise,
Elle pouss' des hélas...
    Ah ! ah ! ah ! ah !
Pour lui venir en aide
Chacun offre un remède,
C'est l'eau froid', c'est l'eau tiède !...
C'est ceci, c'est cela.
    Ah ! ah , etc.

On cherche par la ville
Un médecin habile. (*bis.*)

Il s'écri'... C'est la bile;
Nous allons purger ça.
    Ah! ah! ah! ah!
Un autre qui ricane
Dit tout bas : — C'est un âne!
Ni purge, ni tisane,...
C'est le sang, saignons-la...
    Ah! ah! etc.

Mais tout à coup, silence!...
Un troisième s'avance,   (*bis.*)
D'énorme corpulence,
Et des ch'veux jusque-là...
    Ah! ah! ah! ah!
— V'la ma fill', dit le père,
Docteu, qu'allez-vous faire? —
— Commencez par vous taire,
Et magnétisons-la!...
    Ah! ah! etc.

La belle Bourbonnaise
Saute en l'air, très à l'aise!   (*bis.*)
En s'écriant : — C'est Blaise!
Ah! maman! ah! papa!
    Ah! ah! ah! ah!
— Tiens, c'te farc'! dit Nicaise,
Puisque tu voulais d'Blaise,
Fallait l' dir', petit' niaise!
Tu s'rais marié' déjà.
          (Reprise du refrain en chœur.)
    Ah! ah! etc.

MADAME NICOLE.

(Parlé.) C'est inconvenant... Et la morale ?

TOUS.

Ah! oui, la morale ?

CONTI, se grattant l'oreille.

(Parlé.) La morale ?...

(Chant.)
La moral' de l'histoire,
Gardez en la mémoire!   (*bis.*)
C'est qu'il ne faut pas croire

Quand une fill' fait, ah!...
    Ah! ah! ah! ah!
Que le sang ou la bile
La rendent si débile;
Moi j' dis en homme habile
Qu' sa maladie est là!
    (Montrant son cœur.)
    Ah! ah! etc.
C' n'est ni l' sang ni la bile,
  La maladie est là!...

TOUS.

Bravo! bravo!

MADAME NICOLE, courant à lui pour l'embrasser.

Ah! qu'il est gentil!

NICOLE, l'arrêtant.

Eh bien! eh bien!

FRIQUETTE.

Ah! je l'adore.

TOINON, même jeu.

Ah! qu'il me plaît donc!... (On entend un air de danse au loin.)

CONTI.

Chut!

TOUS.

Hein?

CONTI.

Entendez-vous les violons là-bas! et là-bas!... On danse de tous les côtés... Est-ce que nous ne danserons pas aussi nous autres?

FRIQUETTE, TOINON et MADAME NICOLE.

Si! si! allons danser!

GRÉGOIRE.

Trop tard!... Ils ont pris les ménétriers pour eux, et ils ne nous laisseront pas approcher.

TOINON.

Ah! quel malheur!

4

CONTI, à l'aubergiste.

Et toi qui tiens des épées, tu n'as pas un violon ?

LE CABARETIER.

Si fait ; mais le musicien ?

CONTI.

Présent le musicien... C'est moi !

FRIQUETTE.

Vous jouez du violon ?

CONTI.

Un peu que j'en joue.

HARPIN.

S'il joue du violon, monseigneur !... (Conti lui donne un coup de pied.)

GRÉGOIRE.

Comment, monseigneur !

HARPIN.

Non !... Je dis... mon doux seigneur... je crois bien qu'il en joue !...

MADAME NICOLE.

Mais il est adorable, cet enfant-là.

LE CABARETIER, accourant avec le violon et une clarinette.

Voilà !

CONTI.

Et même une clarinette ! Bravo ! invitez vos dames !... Allons, mon oncle, la clarinette !

HARPIN.

Comment, vous voulez que...

CONTI.

Veux-tu marcher !

HARPIN.

Mais je n'ai jamais joué de ça, moi.

CONTI.

Ça te l'apprendra !... Allons, debout, sur le tonneau !

HARPIN.

Et vous ?

CONTI.

Moi, je danse!...

TOUS.

En jouant ?

CONTI.

Tout de même!... (Il accorde son violon.)

MADAME NICOLE.

Ah! qu'il est gentil!

GRÉGOIRE et NICOLE.

Allons donc! mesdames! en place!

CONTI, à Harpin, perché sur le tonneau.

Êtes-vous d'accord, mon oncle?

HARPIN.

Voilà!... (Il souffle et fait un couac.)

CONTI.

Oh! là là!... C'est trop haut!... Voici le ton.

Air : *du Devin du village.*

(Jouant en chantant.)

Quand on sait aimer et plaire
A-t-on besoin d'autre bien?...

(Accord. Sur l'accord, le tonneau se défonce, et Harpin disparaît.)

TOUS, criant.

Ah!...

CONTI, à Harpin.

Ah! — ça, c'est trop bas!...

HARPIN, sortant du tonneau.

Je crois que je tiens la note. (Il souffle.)

CONTI.

T'y voilà!...

HARPIN.

Mais je danse aussi !

CONTI.

Allons, en place !

TOUS.

En place !...

CONTI, à part.

Voilà qui va bien ; mais il s'agirait de rester seule avec mademoiselle Friquette. (Passant à droite.) En avant, chaîne des dames !... (L'orchestre commence la contredanse.)

TOUS, dansant et chantant.

Tremp' ton pain,
Mari' tremp' ton pain,
Mari' tremp' ton pain dans l'eau claire ;
Tremp' ton pain,
Mari' tremp' ton pain,
Dans l'eau claire, faute de vin !

CONTI, passant près de Toinon en dansant, la musique et la danse continuant.

Toinon ! — veux-tu que je te raccommode avec Harpin ?

TOINON, dansant.

Je crois bien !

CONTI.

Eh bien ! tu vois d'ici ce buisson de lilas, tout là-bas !...
(Il désigne la droite.)

TOINON.

Oui, je le vois.

CONTI.

Vas m'y attendre avec Harpin !

TOINON.

Et vous nous raccommoderez ?

CONTI.

Oui!

TOINON.

Mais si madame!...

CONTI.

Sois tranquille; je couvre la retraite!... (Haut.) Balancez et chassez!

TOUS, chantant et dansant.

AIR *ancien*.

Je n' tai jamais vu comm' ça,
Fair' des bamboches! (*bis*.)
Je n' tai jamais vu comm' ça
Fair' des bamboches
Avec les soldats!...

(Toinon emmène Harpin en dansant; la danse continue.)

SCÈNE VI.

LES PRÉCÉDENTS, moins HARPIN et TOINON.

CONTI, à madame Nicole, tout en dansant.

Madame Nicole!

MADAME NICOLE, amoureusement.

Cher monsieur Gabriel!

CONTI.

Je vais vous dire quelque chose d'inconvenant.

MADAME NICOLE.

Dites!

CONTI.

Votre mari vient de donner tout bas un rendez-vous à mademoiselle Friquette.

MADAME NICOLE, s'arrêtant.

Ah! le monstre! Je m'en doutais!

CONTI.

Dansez! dansez!...

4.

Air *connu.*

MADAME NICOLE, sous le nez de son mari.

On va lui percer le flanc !

CHŒUR.

Ran plan rantanplan
Tirelire en plan.

MADAME NICOLE.

On va lui percer le flanc.

CHŒUR.

Comm' nous allons rire !

CONTI, bas.

Il lui a montré ce côté-là !... (Il montre la gauche.)

MADAME NICOLE, dansant.

Sous mon nez !... une grisette !... Ah ! si je les surprenais...
J'y vais...

CONTI.

C'est cela.

MADAME NICOLE, revenant et tendrement.

Si vous vouliez venir avec moi !... Gabriel !... en atten-
dant !...

CONTI, de même.

Si je pouvais !... mais la danse...

MADAME NICOLE, de même, dansant.

Ah ! le scélérat ! ah ! le traître !... (Elle sort en dansant par la
gauche.)

CONTI.

Air : *Rose et Colas.*

Ah ! cachez vos jambes.
Car on les voit. (*bis.*)
(Il l'accompagne, avec son violon.)

SCÈNE VII.

LES PRÉCÉDENTS, moins MADAME NICOLE.
(On danse toujours.)

CONTI.

A nos amoureux maintenant!... Grégoire !

GRÉGOIRE, pendant l'avant-deux de Nicole et Friquette.

Hein ?

CONTI.

Voulez-vous que je vous fasse épouser mademoiselle Angélique?

GRÉGOIRE.

Qui vous a dit?...

CONTI.

Tiens!... farceur !... Est-ce que je n'ai pas des yeux ?

GRÉGOIRE.

Je l'adore!...

CONTI.

Vous l'adorez!... emmenez-la seulement promener ; et dans une heure, votre mariage est fait.

GRÉGOIRE.

Vous me jurez!...

CONTI.

Allez !... allez !... Je réponds de tout.

CHŒUR.

AIR : *D'une folie.*

Youp, youp, youp, youp, youp !
Comm' ça met en train!
Youp, youp!
Comm' ça met en train!

AIR : *De la tentation.*

Passez !
Traversez !
Balancez !
Et chassez !
Voilà comm' il faut danser.
Passez !
Balancez !
Traversez !
Et chassez !
V'là comme il faut s' trémousser.

SCÈNE VIII.

LES PRÉCÉDENTS, moins GRÉGOIRE et ANGÉLIQUE.

(Nicole danse avec Friquette, sans remarquer l'absence des autres, et cherche à la lutiner. Conti monte sur le banc. Le cabaretier pose à gauche une petite table avec deux bouteilles et deux verres.)

NICOLE.

Tu es donc venue enfin ! tigresse ! et ma lettre ?...

CONTI.

Une lettre !... Ah ! ah !

FRIQUETTE, repoussant Nicole.

Laissez-moi !

NICOLE.

Je t'adore.

CONTI, passant au milieu d'eux.

Passez !
Traversez !
Balancez !
Et chassez, etc.

(La danse continue.)

NICOLE, dansant toujours, étonné.

Eh bien, où donc sont les autres ?

CONTI.

Les autres! — Ils sont partis! en avant deux, Friquette!...

NICOLE, de même.

Comment? ils sont partis!

CONTI, de même.

Oui... Votre fille par là avec Grégoire.

NICOLE.

Avec Grégoire!

CONTI, traversant en dansant l'avant-deux avec Friquette.

Et votre femme par ici, avec mon oncle.

NICOLE.

Avec votre oncle!

CONTI, retraversant.

Ah! je vous conseille de vous en défier... C'est un malin!

NICOLE.

Mais je ne permets pas ça!... mais ma femme... mais ma fille!... Ce petit Grégoire; votre oncle! — Sacrebleu, mais j'y cours!

CONTI, montrant la gauche du théâtre avec l'archet.

Par là!... les buissons à gauche.

NICOLE, courant vers la gauche du théâtre.

Ah! c'est par là!

CONTI.

Votre fille, oui; mais votre femme, c'est de ce côté-ci... les buissons à droite.

NICOLE, revenant et courant à droite.

Bon! bon!... C'est par ici, alors!

CONTI.

Oui, votre femme, mais votre fille, c'est par là! (Il montre la gauche.)

NICOLE.

Ciel!... Où courir d'abord?... ma femme!... ma fille! par ici! par là! que faire?

CONTI.

Prenez le milieu !

NICOLE.

C'est juste ! (Il sort en courant par le fond.)

SCÈNE IX.

CONTI, FRIQUETTE.

(Conti continue à danser et se trouve en face de Friquette, seul avec elle
Il cesse de jouer tout à coup.)

FRIQUETTE, s'arrêtant.

Tiens !... Il n'y a plus que nous deux !

CONTI.

Il n'y a plus que nous deux, ma mie... et j'imagine que c'est
juste le compte, pour ce que j'ai à vous dire.

FRIQUETTE.

Oui dà !... Et qu'avez-vous à me dire, monsieur ?

CONTI.

Ah ! je n'en sais rien au juste, Friquette... car je ne suis encore qu'un écolier... mais il me semble que cela viendra tout
seul et qu'avec vous, je ne serai pas longtemps embarrassé de
mes paroles (Lui prenant la taille.) ni de mes...

FRIQUETE, se dégageant.

Eh bien ! eh bien !

CONTI.

Ne me repoussez pas, charmante fille, et avant tout, dites-
moi que vous ne me gardez pas rancune de ma sotte imperti-
nence de tantôt ! (Il va déposer son violon sur le banc.)

FRIQUETTE.

Oh ! pour cela, oui, vous avez été impertinent ! et je vous
en ai voulu.

CONTI.

Vous m'en avez voulu ? (Il reprend son habit.)

FRIQUETTE.

Ah ! je me disais... Un garçon si charmant, si avenant... qu'on ne demande qu'à aimer !

CONTI, remettant l'habit, à part.

Qui ne demande pas mieux !

FRIQUETTE.

Et qui va tout gâter par des manières ! (Elle va s'asseoir à la petite table. Conti vient regarder derrière elle par-dessus sa tête.) Qu'est-ce que vous regardez donc là ?

CONTI.

N'y prenez pas garde... ma mignonne ; j'ai ouï dire que les femmes serrent leurs billets doux de ce côté-là, et je suis curieux de voir...

FRIQUETTE.

Cette lettre !...

CONTI.

Non, pas la lettre.

FRIQUETTE, riant et montrant le coin de la lettre.

Ah ! C'est de ce vieux fou de Nicole !

CONTI, à part.

Très-bien !

FRIQUETTE.

Puisque vous êtes galant, maintenant, donnez-moi à boire, la danse m'a altérée !

CONTI [1].

Voilà !...

FRIQUETTE, buvant.

Eh bien ! et vous, — vous n'avez donc pas soif ?

CONTI, accoudé sur la table.

Si fait !... De vos regards !

FRIQUETTE, détournant les yeux.

Mais, monsieur... mais savez-vous !...

1. Conti, Friquette.

CONTI.

Oh ! je ne sais rien, je ne suis qu'un écolier.

FRIQUETTE.

Mais pourtant !

CONTI.

Si ! si ! Je suis trop timide... Un autre plus hardi saurait se rapprocher de vous [1] (Il prend une chaise et la pose à droite de celle de Friquette, s'asseyant.) Il saisirait le moment où vous portez le verre à vos lèvres, pour passer le bras autour de votre jolie taille, (Il fait tout ce qu'il dit...) et profiterait de ce que votre main est embarrassée... pour vous dérober un baiser, comme celui-ci, peut-être !... (Il baise la main de Friquette.)

FRIQUETTE, se détournant.

Eh bien ! eh bien !

CONTI.

Ou encore comme celui-là. (Il baise l'épaule.)

FRIQUETTE, se levant vivement.

Mais vous savez que vous êtes un effronté !... monsieur.

CONTI.

Moi ? oh !

FRIQUETTE.

Et que je vais m'en aller si vous n'êtes pas plus raisonnable. (Elle remonte, et se rassied sur la chaise de Conti.)

CONTI.

C'est ça... allons-nous-en si nous ne sommes pas plus raisonnables [2]. (Il remonte et s'assied sur la chaise de Friquette, puis prend le verre qu'elle a laissé à moitié plein sur la table.)

FRIQUETTE.

Mais c'est mon verre que vous prenez là !

CONTI.

Je le sais bien.

1. Friquette, Conti.
2. Conti, Friquette.

FRIQUETTE.

Ah! c'est exprès?

CONTI.

Pour y retrouver tes lèvres! Et je le brise pour que personne après moi ne puisse y boire ton baiser. (Il jette le verre dans les lilas.)

FRIQUETTE.

Enfin!... un enfant!... (Conti prend sur la table son biscuit.) **Eh bien !** eh bien ! qu'est-ce que vous faites encore?

CONTI.

Tu le vois! je mange mon biscuit.

FRIQUETTE, reprenant le biscuit en se penchant sur lui.

Le mien.

CONTI.

Le nôtre. (Il profite de ce qu'elle est penchée pour la baiser au front.)

FRIQUETTE, debout, la main levée.

Ah! mais finissons, ou je me fâche!

CONTI.

Oh! frappe, mais écoute: Et laisse-moi te dire tout ce que je sens là de nouveau, d'étrange et d'adorable! Il me semble que mon cœur commence à battre pour la première fois, qu'il s'épanouit au regard de tes yeux comme les bourgeons du lilas aux caresses des rayons d'avril!... C'est le printemps, vois-tu bien; oui, c'est le printemps qui s'éveille aussi dans mon âme!... Et il n'y a plus en moi que parfums, soleil, ciel bleu, chansons, gaieté, délire, ivresse!... Ou plutôt il n'y a plus qu'amour!

FRIQUETTE.

Mais...

CONTI[1].

Oh! c'est l'amour, va, je t'en réponds. — Je ne l'ai jamais connu... mais je le reconnais pourtant... à ce cœur qui cherche ton cœur... à cette main frissonnante qui cherche ta main... à

1. Friquette, Conti.

5

cette délicieuse faiblesse qui m'envahit, me brise.... et ne me laisse plus que la force de tomber à tes pieds en te disant :

AIR : .....

Bonheur suprême
N'existe qu'au temps des amours.
Et lorsqu'on t'aime,
C'est pour toujours!

Tant que mes yeux
Dans tes jolis yeux
Ne liront pas les mêmes aveux !
Je veux
Languir,
Gémir,
Souffrir,
Fallût-il un jour en mourir !

Bonheur suprême
N'existe qu'au temps des amours.
Et lorsqu'on t'aime,
C'est pour toujours.

FRIQUETTE.

Monsieur!... Gabriel!... Certainement!... mais vraiment si quelqu'un... si votre oncle!... (Elle remonte.)

CONTI[1], la suivant.

Il n'y a plus d'oncle!... Il n'y a plus de Gabriel!... Il n'y a plus à tes pieds qu'un jeune fou qui abjure son sot orgueil de ce matin, et qu'un gentilhomme qui met sa gloire à plier le genou devant toi!...

FRIQUETTE.

Un gentilhomme!

CONTI.

Je ne t'avais pas trompée; oui, je suis noble, oui, je suis riche. — Oui, je suis prince!

FRIQUETTE, tombant assise sur le banc.

Ah ! mon Dieu!... un prince...

1. Conti, Friquette.

CONTI.

Mais je ne veux plus être riche, noble et tout-puissant que dans ton cœur. (Il se met à ses genoux.)

FRIQUETTE, voulant le faire relever.

Ah! mon Dieu, monseigneur, si l'on vous voyait! quelle honte pour vous!

CONTI.

Dis quel honneur.

FRIQUETTE.

Mais dans l'herbe... vous allez vous friper et chiffonner...

CONTI, se relevant.

Ah! tant mieux!... Chiffonnons... chiffonnons.

FRIQUETTE[1], lui échappant.

Vous n'y pensez pas... Un jeune homme comme vous et une pauvre fille comme moi.

CONTI.

Qu'appelles-tu pauvre fille?... Et ton sourire, et tes vingt ans... que de trésors!... Et quels parchemins poudreux valent tes titres de noblesse écrits sur deux joues fraîches et roses?

FRIQUETTE.

Mais...

CONTI.

Quel blason royal à fleurs de lis égalerait ces armes parlantes? — Deux yeux d'or sur fond d'azur avec l'amour pour devise!

FRIQUETTE.

Monseigneur, vous me tournez la tête. Je ne sais plus ce que je dis... Laissez-moi.

CONTI[2].

Friquette!...

FRIQUETTE.

Laissez-moi!... laissez-moi!... (Elle se sauve par la gauche.)

1. Friquette, Conti.
2. Conti, Friquette.

CONTI.

Cours, va... ma belle... et regarde si je te suis ! Il y a là-dessus un vers de Virgile... mais je n'ai pas le temps de me le rappeler... Friquette !... Je parie qu'elle répond pour me faire voir le chemin qu'elle a pris. Friquette !

FRIQUETTE, dehors, un peu loin.

Monseigneur !...

CONTI.

Eh ! allons donc ! — Ah ! femmes ! délicieux esprits ! .. Il n'y a que vous pour crier *oui, oui*... en disant *non, non*. (Il sort en courant par le même côté ; au même instant, on voit Friquette sortir du massif de lilas et traverser de gauche à droite pour s'enfuir par la tonnelle. On entend crier dans la coulisse monsieur et madame Nicole.)

SCÈNE X.

LE CABARETIER, puis NICOLE, GRÉGOIRE, ANGÉLIQUE, MADAME NICOLE, HARPIN, TOINON.

NICOLE, entrant par la gauche et tenant sa fille et Grégoire par le bras.

Allons, marchons !

MADAME NICOLE, entrant par la droite en tenant Harpin et Toinon par l'oreille.

Marchons ! marchons !

NICOLE, à sa fille et à Grégoire [1].

...Ah ! traîtres ! vous vous écartez pour causer galanterie.

MADAME NICOLE, à Toinon.

Comment, masque ! vous vous en laissez conter par ce tonnelier !...

GRÉGOIRE.

Monsieur !

1. Toinon, madame Nicole, Harpin, Angélique, Nicole, Grégoire.

NICOLE.

Je vous chasse !

TOINON, à Harpin.

Harpin !

HARPIN.

Je vous chasse ! (Il se sauve. Toinon va pour courir après lui et s'arrête à consoler Angélique, qui remonte en pleurant.)

NICOLE, à sa femme.

Eh ! madame, il s'agit bien de votre servante ! Voilà comme vous surveillez votre fille.

MADAME NICOLE.

Eh ! monsieur, c'est votre faute. (A demi-voix.) C'est votre conduite qui donne à toute la maison l'exemple du scandale.

NICOLE.

Ma conduite ?

MADAME NICOLE.

Je sais ce que je sais !

NICOLE, à demi-voix.

Et moi aussi, je sais ce que je sais ! et je sais que vous courez la pretantaine avec le tonnelier.

MADAME NICOLE.

Qui est-ce qui vous a conté ça ?

NICOLE.

Son neveu !

MADAME NICOLE.

Le petit !... Allons donc ! c'est lui qui m'a dit que vous aviez donné un rendez-vous à Friquette... dans les buissons, et je courais après vous !

NICOLE.

C'est lui qui en a menti, le scélérat !

GRÉGOIRE, entendant la dernière phrase.

C'est lui qui m'a conseillé d'emmener mademoiselle Angélique !

TOINON.

Et c'est lui qui m'a promis de me raccommoder avec mon Harpin!

NICOLE.

Mais qu'est-ce que c'est donc que ce petit serpent-là, qui trompe tout le monde?

TOINON.

C'est un farceur!...

NICOLE, retournant sa manche.

Oui, oui, eh bien, moi aussi, je suis farceur!

GRÉGOIRE, de même.

Et moi aussi!...

MADAME NICOLE et TOINON.

Et nous aussi!

NICOLE.

Et si nous l'attrapons!...

TOUS.

Où est-il? où est-il? (Ils remontent.)

SCÈNE XI.

LES PRÉCÉDENTS, CONTI.

CONTI, rentrant.

Le voilà! le voilà! le voilà!

MADAME NICOLE.

Eh bien, il a encore l'air de se moquer de nous.

NICOLE.

Ah! oui! je vais le faire rire, moi!... Jeune homme! vous êtes donc encore en train de faire vos farces?

CONTI.

Allons donc! je ne fais que commencer!

NICOLE.

Oui-dà! Et c'est pour vous amuser, n'est-ce pas, que vous m'avez trompé?

MADAME NICOLE.

Et moi?

GRÉGOIRE.

Et moi?

TOINON.

Et moi?

CONTI.

Oh! si nous parlons tous à la fois!... Procédons par ordre!... (A Nicole.) De quoi vous plaignez-vous, vous?... (Baissant la voix.) de ne pas avoir surpris votre femme avec mon oncle?

NICOLE.

Non! je ne me plains pas de ça!

CONTI, à madame Nicole, même jeu.

Et vous... de ne pas avoir surpris votre mari avec mademoiselle Friquette?

MADAME NICOLE.

Mais non!... je ne m'en plains pas!

CONTI.

Vous auriez mieux aimé tous deux que j'eusse dit vrai?

NICOLE et SA FEMME.

Ah! non!

CONTI.

Eh! bien, alors, remerciez-moi donc d'avoir menti!

MADAME NICOLE.

Tiens! il a raison!

CONTI.

Parbleu!

NICOLE.

Bon! bon pour cela! mais ma fille qu'il envoie promener avec Grégoire.

CONTI.

Bah! s'il l'épouse!

NICOLE.

Oui ! mais il ne l'épousera pas.

CONTI.

Que si !

NICOLE.

Que non !

CONTI.

Que si !

NICOLE.

Que non !

CONTI.

Que si !

NICOLE.

Que si ! (Se reprenant.) que non ! Un méchant commis de quatre sous, qui ose aimer la fille de son patron !

CONTI, à demi-voix.

Est-il plus coupable que le patron qui écrit aux demoiselles ?... (Il ouvre la lettre de Nicole qu'il a prise à Friquette.) « Mon ange... ma femme... est une créature si insupportable... »

NICOLE.

Ma lettre !

CONTI, continuant.

« Si acariâtre !... »

NICOLE.

Taisez-vous !.....

CONTI.

Oui, mais mariez-les, sinon... (Il montre sa femme.)

NICOLE.

Mais ma femme ?...

CONTI.

Si elle consent, consentez-vous ?

NICOLE.

Dame ! oui !...

CONTI, sans répondre.

Ah ! je suis bien sûr que madame Nicole dans son cœur a déjà résolu ce mariage... (Il fait signe à Nicole de remonter.)

MADAME NICOLE.

Moi ! jamais !

CONTI, bas.

Vous tenez donc bien à consulter le sergent Larose ?

MADAME NICOLE, effrayée.

Le sergent Larose ?

CONTI, tirant le médaillon.

En lui redemandant certain petit portrait.

MADAME NICOLE.

Mon médaillon !

CONTI.

Accompagné de deux vers délicieux, écrits de votre blanche main. (Lisant.)

Quand tu ne la verras pas, ta céleste créature,
Au lieu de l'original, embrasse au moins la peinture.

MADAME NICOLE.

Je suis prise !

CONTI.

C'est inconvenant.

MADAME NICOLE.

Ça l'est : j'aime mieux dire oui !

CONTI.

Elle a dit oui !

GRÉGOIRE.

Se peut-il ?

ANGÉLIQUE.

Maman !

MADAME NICOLE.

Oui, oui, mes enfants ! embrassez-moi, mariez-vous, et n'en parlons plus. (Elle les embrasse.)

CONTI, lui glissant le portrait, bas à madame Nicole.

Voilà le portrait. (Bas à Nicole.) Et voici la lettre !

MADAME NICOLE.

Ah ! mon Dieu ! et Christophe ?

TOUS.

Christophe ?

CONTI.

Disparu, Christophe !

MADAME NICOLE, criant, effarée.

Christophe !

TOUS, criant.

Christophe !

SCÈNE XII.

LES PRÉCÉDENTS, LAROSE.

LAROSE, tenant Christophe tout vert, et tout dégouttant d'herbes.

Le voilà, le crapaud ! — Il est tombé dans la mare !

TOUS, reculant avec horreur.

Ah !...

CHRISTOPHE.

Maman ! je veux aller sur papa !

MADAME NICOLE.

Ah ! l'horreur d'enfant !

LAROSE, le campant sur Nicole.

Bah ! Là-dessus, au grand soleil !...

NICOLE.

Viens, galopin !... (Il le campe à cheval sur ses épaules.) Si on lui passait quelque chose !... En route, mes enfants, (A Grégoire.) et toi, mon garçon, donne le bras à ta femme.

CONTI, à Grégoire.

Vous voyez que je tiens mes promesses, et de plus, je donne à la jolie mariée dix mille livres pour son trousseau : et au futur la pratique du prince de Conti qui va mettre sa maison à la mode !

GRÉGOIRE.

Du prince de Conti! Mais comment?...

CONTI, riant.

Ah! vous voulez aussi savoir comment.

HARPIN, en dehors.

Par ici, par ici! — Vive le prince de Conti.

SCÈNE XIII.

LES PRÉCÉDENTS, FRIQUETTE,
HARPIN, PROMENEURS, MÉNÉTRIERS, LAQUAIS, etc.

Ils entrent en agitant leurs chapeaux.

Vive le prince de Conti!

HARPIN.

Vite! vite! vite! voici vos gens qui vous cherchent partout,
Monseigneur.

TOUS, surpris.

Monseigneur?

CONTI.

Mes gens!

MADAME NICOLE.

Ses gens?

LAROSE.

Mon colonel!...

CONTI.

Il paraît que oui, mes bons amis.

TOUS, confondus et reculant avec respect.

Oh!...

HARPIN.

Ils ne vous auraient jamais trouvé sans l'indiscrétion d'une
jeune fille. (Il désigne Friquette.)

CONTI.

Ah! la petite bavarde!...

HARPIN.

Madame la princesse vous attend pour courir à Versailles où le roi vous demande.

CONTI.

Le roi me demande! Que me veut-il?

HARPIN.

Ah! je n'en sais rien!

CONTI.

Eh bien! je sais ce que je veux, moi! Au diable le collége, les livres et monsieur Harpin... Je suis assez grand pour commander un régiment; — n'est-ce pas, Larose?

LAROSE, ému.

Ah! mon colonel! Vous êtes trop grand!

CONTI.

Par la morbleu, je veux vous passer en revue dans huit jours, ou j'y perdrai mon nom...

LAROSE.

Vive Conti!

TOUS.

Vive Conti!

LAROSE.

Vive mon colonel!

HARPIN.

Eh! bien, et moi? Monseigneur, maintenant que je n'ai plus d'élève, qu'est-ce que je deviens?

CONTI.

Toi?.— Tu redeviens son mari, tu n'es plus bon qu'à ça.

HARPIN.

Mais...

CONTI.

Je la dote.

HARPIN, prenant le bras de Toinon.

J'allais dire oui, Monseigneur.

GRÉGOIRE.

Ah! monseigneur, notre reconnaissance...

CONTI.

Votre reconnaissance, mes bons amis! Parlons de la mienne, car vous m'avez tous appris en une matinée ce que monsieur Harpin ne m'eût pas enseigné en dix ans.... Grégoire, que l'esprit et la bonne grâce sont de tous les rangs.... Maître Nicole et sa femme, qu'il n'y a pas de petites gens où il y a de bons cœurs!.... Larose, qu'il n'y a pas de noblesse au monde qui vaille celle du vrai courage... Et une autre! ah! une autre, que pour être aimé, il n'y a pas mieux que d'être aimable... Et si jamais je l'oubliais, cette leçon de l'école buissonnière... (Il prend une branche de lilas des mains de Friquette.) je veux que cette branche de lilas me la rappelle, et que sa présence me poursuive toute ma vie, comme un doux souvenir du premier jour où, grâce à vous, j'ai su mériter un peu d'estime, (A part.) et beaucoup d'amour.

AIR : *Gnia pas d' mal à ça.*

Par la belle humeur, dont j'ai compris
        Le prix,
J'ai voulu gagner les cœurs et les esprits,
        Et je crois jusqu'ici
        Avoir bien réussi...
    Mais le plus grave, le voici :
    Messieurs, c'est de vous plaire aussi ;
        Mon seul but, le voici
        C'est de vous plaire aussi !

Pour des chansons un peu... légères,
Qui naguères
Charmaient nos pères,
Serez-vous sévères ?...
Dites plutôt comme moi :
« Ma foi !
Quand on rirait un peu de bon aloi !...
Gnia pas d' mal à ça...
Larirette,
Bah !
Gnia pas d' mal à ça ! »

FIN.

PARIS. — IMPRIMERIE DE J. CLAYE, RUE SAINT-BENOIT, 7.

Pièces de théâtre, belle édition, ormat grand in-18 anglais.

F. PONSARD. f. c.
Lucrèce, tragédie............... 1 50
Agnès de Méranie, tragédie..... 1 50
Charlotte Corday, tragédie...... 1 50
Horace et Lydie, comédie....... 1 »
Ulysse, tragédie............... 2 »
L'Honneur et l'Argent, com.... 2 »
La Bourse, comédie............ 2 »

ÉMILE AUGIER.
Gabrielle, comédie............ 2 »
La Ciguë, comédie............. 1 50
L'Aventurière, comédie........ 1 50
L'Homme de bien, comédie..... 1 50
L'Habit vert, proverbe......... 1 »
La Chasse au Roman, comédie.. 1 50
Sapho, opéra................. 2 »
Diane, drame................. 2 »
Les Méprises de l'Amour, com. 1 50
Philiberte, comédie........... 1 50
La Pierre de touche, comédie.. 2 »
Le Gendre de M. Poirier, com.. 2 »
Ceinture dorée, comédie....... 1 50
Le Mariage d'Olympe, com.... 1 50
La Jeunesse, comédie......... 2 »
Les Lionnes pauvres, comédie.. 2 »
Un beau Mariage, comédie..... 2 »

GEORGE SAND.
Le Démon du Foyer, comédie. 1 50
Le Pressoir, drame........... 2 »
Les Vacances de Pandolphe, c... 2 »

EUGÈNE SCRIBE.
La Czarine, drame............ 2 »
Feu Lionel, comédie.......... 1 50
Les Doigts de Fée, comédie... 2 »
Rêves d'amour, comédie....... 1 50
La Fille de trente ans, comédie 2 »

MÉRY.
Gusman le Brave, drame....... 2 »
Le Sage et le Fou, comédie.. 1 50
Le Chariot d'Enfant, drame... 2 »
Aimons nos prochain, com... 1 »
Herculanum, opéra............ 2 »

LATOUR DE St-YBARS
Rosemonde, tragédie........... 1 »

LÉON GOZLAN
Le Gâteau des Reines, comédie. 2 »
La Famille Lambert, comédie.. 2 »
Un petit bout d'Oreille, com... 1 »

ERNEST LEGOUVÉ.
Par droit de Conquête, coméd. 1 50
Le Pamphlet, comédie......... 1 »

VICTOR SÉJOUR.
Richard III, drame........... 2 »
Les Noces vénitiennes, drame.. 2 »
André Gérard, drame......... 2 »
Le Martyre du cœur, drame... 2 »
Le Paletot brun, drame....... 1 »
Les Grands Vassaux, drame... 2 »
La Tireuse de cartes, drame... 2 »

OCTAVE FEUILLET.
Le Pour et le Contre, comédie. 1 »
La Crise, comédie............ 1 50
Péril en la demeure, comédie. 1 50
Le Village, comédie.......... 1 »
La Fée, comédie.............. 1 »
Dalila, drame................ 1 50
Le Roman d'un jeune homme
pauvre, comédie.............. 2 »

JULES SANDEAU. f. c.
Mademoiselle de la Seiglière, c. 1 50

ALEX. DUMAS FILS.
La Dame aux Camélias, drame. 1 50
Diane de Lys, drame.......... 1 50
Le Demi-Monde, comédie...... 2 »

Mme ÉMILE DE GIRARDIN.
Lady Tartuffe, comédie........ 2 »
C'est la faute du Mari, com... 1 »
La Joie fait peur, comédie.... 1 50
Le Chapeau d'un Horloger, c.. 1 »
Une Femme qui déteste son
Mari, comédie................ 1 »
L'École des Journalistes, com.. 1 »

P.-J. BARBIER.
Un Poëte, drame.............. 2 »
André Chénier, drame......... 2 »
L'Ombre de Molière, à-propos. 75
Le Berceau, comédie.......... 1 »

MARIO UCHARD.
La Fiammina, comédie........ 2 »
Le Retour du Mari, comédie.. 2 »

FÉLICIEN MALLEFILLE.
Les Mères repenties, drame.... 2 »

LOUIS RATISBONNE.
Héro et Léandre, drame....... 1 »

ROGER DE BEAUVOIR.
La Raisin, comédie........... 1 50

P. FOUCHER ET REGNIER.
La Joconde, comédie.......... 2 »

PAUL DE MUSSET.
La Revanche de Lauzun, com... 1 5
Christine, roi de Suède, coméd. 1 50

CHARLES EDMOND.
La Florentine, drame......... 1 50

ADOLPHE DUMAS.
L'École des Familles, comédie. 1 »

ERNEST SERRET.
Les Familles, comédie......... 1 50
Que dira le Monde? comédie.. 2 »
Un mauvais Riche, comédie... 2 »
L'Anneau de Fer, comédie..... 1 50

ÉDOUARD FOUSSIER.
Une Journée d'Agrippa, com. 1 50
Le Temps perdu, comédie..... 1 50
Les Lionnes pauvres, comédie.. 2 »
Un beau mariage, comédie..... 2 »

HENRY MURGER.
La Vie de Bohème, comédie.. 1 50
Le Bonhomme Jadis, comédie.. 1 »

LÉON LAYA.
Les Jeunes Gens, comédie..... 1 50
Les Pauvres d'esprit, comédie.. 1 50
Le Duc Job, comédie......... 1 »

LE MARQUIS DE BELLOY.
Pythias et Damon, comédie... 1 »
Karel Dujardin, comédie...... 1 »

J. AUTRAN.
La Fille d'Eschyle, tragédie... 1 50

ARMAND BARTHET.
Le Moineau de Lesbie, com.... 1 »
Le Chemin de Corinthe, com... 1 50

VIARD et DE LA MADELÈNE
Frontin malade, comédie....... 1 »

JULES LACROIX.
Œdipe roi, de Sophocle, trag. 2 »

CHARLES POTRON. f. c.
Un Peu de Paille, comédie.... 1 »

AUGUSTINE BROHAN.
Les Métamorphoses de l'Amour,
comédie...................... 1 »

J. DE PRÉMARAY.
Les Droits de l'Homme, com... 1 50
La Boulangère a des écus, dr.. 1 50

RAOUL BRAVARD.
Louise Miller, drame.......... 2 »

TH. DE BANVILLE.
Le beau Léandre, comédie..... 1 »
Le Cousin du Roi, comédie... 1 »

DUMANOIR.
L'École des Agneaux, comédie 1 »
Le Camp des Bourgeoises, c... 1 »
Les Femmes terribles, comédie 1 50

LE COMTE D'ASSAS.
La Vénus de Milo, comédie... 1 50

LÉON HALÉVY.
Ce que Fille veut, comédie.... 1 »

PAGÉSIS DE CHAMBRAIT.
Comment la Trouves-tu? com. 1 »

ÉDOUARD MEYER.
Struensée, drame.............. 1 »

H. LUCAS.
Médée, tragédie.............. 1 50

DUHOMME ET SAUVAGE
La Servante du Roi, drame... 2 »

FERDINAND DUGUÉ.
France de Simiers, drame..... 2 »
William Shakspeare, drame.... 2 »

CAMILLE DOUCET
Les Ennemis de la Maison, c. 1 50
Le Fruit défendu, comédie.... 1 50

DECOURCELLE, THIBOUST
Je dîne chez ma Mère, com... 1 »

VICTORIEN SARDOU.
La Taverne, comédie.......... 1 50

ÉDOUARD PLOUVIER.
Le Sang mêlé, drame......... 1 50
Trop Beau pour rien faire, c.. 1 »
Le Pays des amours, comédie 1 50

A. ROLLAND et J. DU BOYS
Le Marchand malgré lui, com. 2 »

TH. MURET.
Michel Cervantes, drame...... 1 50

CHARLES LAFONT.
Le dernier Crispin, comédie.. 1 »

EDMOND COTTINET.
L'Avoué par amour, comédie. 2 »

SIRAUDIN et L. THIBOUST
Les Femmes qui pleurent, c... 1 »

LIADIÈRES.
Les Bâtons flottants, comédie.. 2 »

F. BÉCHARD.
Les Déclassés, comédie......... 1 50

CHARLES DE COURCY
Le Chemin le plus long, com.. 1 50

RENÉ CLÉMENT.
L'Oncle de Sycione, comédie... 1 »

LOUIS BOUILHET.
Madame de Montarcy, drame. 1 »

Paris. — Imprimerie A. WITTERSHEIM, 8, rue Montmorency.

www.ingramcontent.com/pod-product-compliance
Lightning Source LLC
Chambersburg PA
CBHW060633100426
42744CB00008B/1605